FACULTÉ DE DROIT DE PARIS.

THÈSE
POUR LE DOCTORAT

PAR

ÉMILE BECQUART

Avocat à la Cour Impériale de Paris.

DE LA PREUVE ÉCRITE

EN MATIÈRE

DE DROITS RÉELS OU PERSONNELS

PARIS
IMPRIMERIE DE E. DONNAUD,
RUE CASSETTE, 9.
1865

FACULTÉ DE DROIT DE PARIS

THÈSE
POUR
LE DOCTORAT

L'ACTE PUBLIC SUR LES MATIÈRES CI-APRÈS SERA SOUTENU
Le lundi 21 août 1865 à 10 heures
EN PRÉSENCE DE M. L'INSPECTEUR GÉNÉRAL GIRAUD,

PAR

Émile BECQUART
avocat à la Cour impériale de Paris.

DE LA PREUVE ÉCRITE
EN MATIÈRE
DE DROITS RÉELS OU PERSONNELS

Président : **M. VALETTE**,

Suffragants
{ MM. Pellat,
Colmet de Santerre, } *Professeurs.*
Bufnoir,
Beudant, } *agrégés.*

Le candidat répondra en outre aux questions qui lui seront adressées
sur les autres matières de l'enseignement.

PARIS
IMPRIMERIE DE E. DONNAUD
RUE CASSETTE, 9.
1865

A MON PÈRE.

INTRODUCTION.

DE LA PREUVE ÉCRITE EN MATIÈRE DE DROITS
RÉELS OU PERSONNELS.

CHAPITRE Ier.

DE LA PREUVE EN GÉNÉRAL.

En matière civile comme en matière criminelle, le juge a besoin pour rendre exactement la justice de s'attacher à connaître la vérité sur les faits qui sont allégués devant lui. Il arrive à la connaissance de cette vérité par la *preuve*.

Par qui cette preuve doit-elle être fournie ? Quels sont les moyens à employer pour la faire ? Quelles sont les choses susceptibles d'être prouvées ? — Ces questions préliminaires posées aux abords de notre sujet ont été résolues à peu près dans le même sens par le droit romain et par le droit français. Cela nous permet de les examiner sommairement dès le début sous la forme d'un avant-propos général. Nous n'aurons plus alors, quand nous serons descendus aux détails du sujet que nous avons spécialement choisi, à nous occuper des grands principes qui dominent et régissent toute la théorie de la preuve ; et ce coup d'œil rapide jeté sur l'ensemble de la matière servira encore pour nous guider dans les études plus minutieuses qui nous resteront à faire.

Ces questions se rattachent, comme on le voit, non pas à la théorie du droit pur, à ce que dans la science on appelle *le droit déterminateur*, mais à la mise en œuvre de ce droit, c'est-à-dire au droit *sanctionnateur*, ou, si l'on veut, à ce que Bentham appelait assez heureusement les lois *adjectives*. En effet, quand on parle de la preuve judiciaire, on n'entend pas s'occuper de la preuve du droit, le droit est présumé connu par tous les magistrats ; et le fait seul (sauf néanmoins le cas exceptionnel où il y aurait contestation sur la teneur d'une loi étrangère ou sur le sens d'un usage local, ce qui pourrait nécessiter des enquêtes, des parères ou autres modes d'information), le fait seul est soumis à l'obligation d'être prouvé.

Par suite de la nature même de ces règles, il eût été logique de les placer dans le Code de procédure, plutôt que de les mêler aux dispositions du Code civil. Mais Pothier, traitant spécialement dans un livre à part de la théorie des obligations, avait naturellement examiné avant de finir, la manière dont on les constatait, et nos rédacteurs qui avaient déjà fait passer dans le Code un grand nombre des dispositions de Pothier relatives à ce sujet, ont été entraînés quoiqu'ils écrivissent d'après un autre plan, à le suivre jusqu'au bout. Ils sont allés un peu trop loin, il faut le reconnaître.

§ 1. — *Définition.*

Dans son sens le plus large, le mot *preuve* désigne tout moyen direct ou indirect d'arriver à la connaissance des faits.

La preuve judiciaire a un caractère particulier qui n'a pas toujours été bien saisi par les auteurs, ce qui a donné lieu à plusieurs définitions inexactes. Azon et Accurse disaient que la preuve était *rei dubiæ per argumenta ostensio*. Mais le raisonnement n'a jamais été le seul et unique mode de prouver, reconnu par la justice ; l'expérience personnelle du juge et la foi au témoignage ont avec raison toujours été admises. — Gabriel, dans son ouvrage sur la nature des preuves, modifiant légèrement une définition donnée avant lui par Grégoire de Toulouse, dit : « *Probatio est rei dubiæ aut non apertæ per media in judicio facta legitima, manifestatio certa aut verisimilis.* » — Aujourd'hui on dit assez généralement que la preuve est la conséquence que la loi ou le magistrat tire d'un fait connu à un fait inconnu.

Cette définition générale est spécialement employée par la loi elle-même dans l'art. 1349 de notre Code, pour désigner un mode de preuve particulier, la présomption. Il est logique du reste qu'elle s'applique tout à la fois et à la preuve en général et à chacune de ses espèces. La différence qui les sépare existe seulement relativement au fait connu sur lequel on s'appuie pour découvrir le fait inconnu. Dans la preuve ordinaire, le fait connu sera ou un témoignage ou un aveu, tandis que dans le présomption ce sera tel au tel fait déterminé selon les cas par la loi. Par exemple, dans la présomption relative aux *commorientes*, le fait connu d'après lequel on réglera la dévolution des successions, sera le rapport existant entre les âges respectifs des défunts.

Tel est le sens général du mot *preuve*. Néanmoins on le prend très-souvent dans d'autres acceptions, très-différentes l'une de l'autre. Il désigne quelquefois ce qu'on appelle juridiquement *actus probandi*, c'est-à-dire la production des éléments de conviction, à l'aide desquels l'une des parties prétend établir la vérité d'une allégation. Ces éléments de conviction considérés en eux-mêmes sont aussi désignés sous le nom de preuve. Enfin on entend encore par preuve le résultat de la production de ces éléments, quant à la conviction du juge.

§ 2. *Qui doit prouver ?*

Cette question qui se pose dès le début du procès présente un grand intérêt, car dans les luttes judiciaires la défensive est beaucoup plus facile que l'offensive, et il vaut mieux pour un plaideur, cela se comprend sans peine, avoir seulement à réfuter son adversaire plutôt qu'à devoir établir lui-même sa prétention.

On y répond par ces règles bien connues, formulées d'abord par le droit romain et reproduites depuis dans le Code civil (1315) : *Actori incumbit onus probandi.— Excipiendo reus fit actor. — Ei incumbit probatio qui dicit, non qui negat. — Negantis naturali ratione nulla est probatio.* — Ces principes, qui ne sont que des applications de la raison et du bon sens, sont fondés sur la nature même des contestations judiciaires et la position respective des parties dans l'instance. Les hommes sont présumés libres de tout lien juridique qui les rattache l'un à l'autre, c'est là leur état normal; si donc quelqu'un vient à prétendre que cette règle a été modifiée par la naissance d'une obligation entre lui et un autre qu'il soutient être devenu son débiteur, il doit, pour obtenir en justice l'exécution de l'obligation, apporter la preuve de sa créance. De même il est juste de supposer que celui qui possède un champ en est en même temps le propriétaire. Par suite si ce champ vient à être revendiqué par un autre, c'est au revendiquant qu'incombera la charge d'établir sa propriété.

Cela a toujours été admis en matière personnelle. En matière réelle, le droit romain primitif des actions de la loi mettait les deux parties sur la même ligne; mais le droit prétorien ne tarda pas à établir une présomption en faveur du possesseur, et cette présomption fut conservée par Justinien, comme on le voit au Code (Loi 2, *De probationibus*, liv. 4, tit. 19): « Non possessori incumbit necessitas probandi posses- » siones ad se pertinere, quum, te in probatione ces- » sante, dominium apud eum remaneat. » Cette position favorable fut accordée même au possesseur d'une chose volée (Loi ult. au Code, *De rei vindicatione*, Liv. 3, Tit. 32).

Ainsi c'est au demandeur à faire la preuve de son droit; mais si le defendeur invoque un moyen de défense au fond, comme le payement ou même une exception dilatoire, il doit en faire la preuve, car il de-

vient alors demandeur à son tour. « *Ut creditor qui
» pecuniam petit numeratam probare cogitur, ita rur-
» sum debitor qui solutam affirmat, ejus rei probationem
» præbere debet.* » (Loi 1 au Code, *De probationibus*).
« *In exceptionibus dicendum est reum partibus actoris
» fungi oportere, ipsumque exceptionem implere.* »
(Loi 19 pr., au même titre). On aurait pu, en se plaçant
au point de vue d'une justice absolue, exiger du défendeur la preuve de la légitimité de la position dans
laquelle il entend se maintenir; mais la loi civile ne
pouvait lui imposer cette obligation sans encourir un
double péril : celui de donner au juge un pouvoir inquisitorial, et celui de compromettre les droits les
plus légitimes, par suite de l'impossibilité dans laquelle le défendeur pourrait quelquefois se trouver
de résister efficacement aux allégations subtiles et
spécieuses de son adversaire.

Ces principes sont admis par tous aujourd'hui.
Autrefois, au contraire, beaucoup d'auteurs dispensaient le demandeur de faire la preuve, quand le fait
à prouver était négatif. « *Negativa non est probanda,* »
disaient-ils; et ils s'appuyaient pour le soutenir sur
plusieurs textes romains, particulièrement sur la loi
23 au Code, *De probationibus,* qui est ainsi conçue :
« *Actor, quod asseverat probare se non posse profitendo,
» reum necessitati monstrandi contrarium non astringit, quum per rerum naturam factum negantis probatio nulla est.* » Séparant la fin de la phrase du
commencement, ils érigeaient en règle que par la nature même des choses, prouver une négative est impossible, et ils détournaient le sens d'une règle qui
tendait purement à établir que le défendeur était dis-

pensé de toute preuve quand le demandeur émettait contre lui une simple affirmation sans aucun argument à l'appui. Et du reste, en raison, une proposition négative, n'importe laquelle, ne peut-elle pas être ramenée à une affirmation ? « *Certe, si diligenter attendas,* » dit la Glose, « *non est aliqua negativa quæ tacitam non habeat affirmativam.* » Dire que Paul n'est pas riche revient à dire que Paul est pauvre et se prouve absolument de la même façon. Sous l'apparence d'une négation, l'affirmation contraire est cachée, et réciproquement. Cette sorte de dénégation est celle que les anciens docteurs appelaient *negativa prægnans*.

On distingue encore aujourd'hui les négatives en négative de qualité, négative de droit et négative de fait. Les deux premières peuvent toujours se réduire à des affirmations : nier une qualité, c'est affirmer la qualité contraire ; soutenir, par exemple, qu'une personne n'est pas majeure, c'est soutenir qu'elle est mineure : nier un droit, c'est affirmer que l'une des conditions nécessaires à la création ou à l'acquisition de ce droit a fait défaut. Pour la négative de fait, il n'en est pas toujours ainsi. Si elle consiste dans l'allégation d'un autre fait positif dont l'existence ne soit pas compatible avec celle du fait d'abord allégué, si par exemple un accusé pour se défendre veut prouver un *alibi*, alors la preuve directe est possible. Mais si quelqu'un, supposons, vient possible qu'il n'a jamais rencontré Titius, cette proposition ne pouvant être intervertie en une autre proposition incompatible, la preuve ne pourra en être administrée directement. La négative s'analysera alors en une série indéfinie de propositions affirmatives dont la réunion aboutira non pas à la certitude, mais seulement à une probabilité qui sera en raison directe de leur nombre et que M. Bonnier, empruntant une figure à la géométrie, a comparée fort ingénieusement au polygone dont les côtés se rapprochent d'autant plus de la circonférence, qu'ils sont plus nombreux, mais n'arrivent jamais à se confondre avec elle. Du reste cette impossibilité d'arriver directement à la preuve dans cette espèce ne tient pas au caractère négatif de la proposition ; c'est bien plutôt à son caractère indéfini, et le même embarras se présenterait pour une proposition affirmative du même genre, s'il fallait prouver par exemple que l'on a toujours porté telle bague d'or au doigt. Cocceius en avait déjà fait la remarque : « *Si negativa indefinita probari non potest,* » dit-il, « *id non inde est quia negativa, sed quia indefinita, nec affirmativa indefinita potest.* » Du reste, il est difficile de comprendre que de pareilles négatives puissent former l'objet d'une contestation judiciaire, et si par hasard il s'en présentait, on admettrait que le défendeur peut être forcé, non pas de prouver son droit, mais au moins de préciser son moyen de défense, de manière que le demandeur ait quelque chose à discuter et à combattre. Dans aucun cas d'ailleurs, l'impossibilité absolue ne saurait être un motif pour décharger le demandeur du fardeau de la preuve et l'imposer au défendeur.

Nous trouvons dans notre titre au Digeste deux espèces où la preuve d'un fait négatif est imposée à l'une des parties. Dans la première il s'agit de prouver qu'une émancipation n'a pas été valablement faite :

« *Idem (Paulus) respondit : Si quis negat emancipationem recte factam, probationem ipsum præstare de-*

bere. » (Loi 5, § 1, *De probationibus.*) Dans l'autre un un fils prétend qu'il n'est plus sous la puissance de son père : « *Si filius in pootestate patris se esse neget, prætor » cognoscit, ut prior doceat filius..... quia se liberum » esse quodammodo contendit.* (Loi 8, au même titre).

De même, sous le Code Napoléon, le demandeur en déclaration d'absence doit prouver que le présumé absent n'a pas donné de ses nouvelles depuis la disparition ; le successeur irrégulier qui demande l'envoi en possession doit prouver qu'aucun parent légitime ne s'est présenté pour réclamer la succession, etc., etc.

Il y avait aussi en droit romain plusieurs cas exceptionnels où le demandeur était dispensé de prouver le fait négatif qui servait de base à sa prétention. Nous en citerons seulement deux : 1° Quand un pupille devenu majeur exerçait contre les magistrats qui avaient nommé son tuteur et reçu la satisdation des fidéjusseurs l'action subsidiaire que lui accordaient les lois en cas d'insolvabilité de ces garants, c'était aux magistrats à prouver qu'ils avaient apporté dans l'accomplissement de leur œuvre toute l'exactitude et la vigilance requises. « *Probatio autem non pupillo incumbit ut » doceat fidejussores solvendo non fuisse, cum accipe- » rentur, sed magistratibus ut doceant eos solvendo » fuisse.* » 2° Quand les mineurs, les soldats, les femmes ou autres personnes privilégiées agissaient *condictione indebiti* en répétition des choses indûment payées, ils pouvaient rejeter sur leur adversaire la charge de prouver que les choses payées par eux étaient réellement dues.

Le défendeur poursuivi en vertu d'un écrit ou d'une stipulation d'où naissait l'obligation de payer une certaine somme, était aussi dispensé de prouver quand il opposait l'exception *non numeratæ pecuniæ*. Nous reviendrons plus tard sur cette disposition qui s'expliquait par des motifs tout particuliers et qui, dès avant le droit français moderne, avait déjà disparu, ainsi que le prouve ce passage des Institutes coutumières de Loysel : « Exception d'argent non nombré n'a point de lieu. »

§ 3. — *Ce qu'on doit prouver.*

Nous avons déjà vu que les règles de droit ne sauraient en général faire l'objet d'une preuve proprement dite. Les preuves de fait, pour être admises par les juges, doivent avoir trait à des faits qui soient de nature à influer d'une manière plus ou moins décisive sur le jugement de la cause à l'occasion de laquelle ils sont allégués : « *Frustra probatur quod probatum non relevat.* » Il faut, comme on le dit souvent, que ces faits soient *concluants et pertinents*.

Ajoutons qu'ils doivent être possibles, c'est-à-dire en conformité avec les règles immuables de la nature. Un plaideur ne pourrait sérieusement être admis à prouver qu'un miracle vient de s'opérer en sa faveur.

Si cependant, sous le Code Napoléon, des faits réunissant tous ces caractères étaient, en vertu d'une présomption, légalement réputés constants, le juge ne pourrait ni exiger ni permettre la preuve. On ne saurait prouver pour ou contre les faits résultant, par exemple, des présomptions de légitimité, d'interposition de personnes ou de remise de dette.

Enfin tout le monde sait qu'il y a certaines choses

que pour des motifs particuliers, et surtout dans le but d'éviter des procès scandaleux, notre Code civil a défendu rigoureusement de rechercher. La filiation adultérine ou incestueuse, la paternité naturelle dans la plupart des hypothèses, ne pourraient être prouvées en justice. Cette prohibition, dont la justice et l'utilité peuvent être contestées, était tout à fait inconnue dans le droit romain et dans notre ancienne jurisprudence.

En droit romain comme en droit français, la partie qui a la charge de prouver, soit comme demanderesse, soit comme défenderesse, doit établir chacun des éléments ou conditions dont le droit qu'elle entend faire valoir suppose le concours. Mais l'obligation à laquelle elle est soumise ne s'étend pas en général au point qu'elle soit tenue de prouver l'absence des causes ou circonstances dont l'existence aurait pu faire obstacle à l'acquisition du droit qu'elle invoque ou entraîner sa déchéance. C'est à l'adversaire à remplir ce rôle et à établir aussi, s'il y a lieu, que le bénéfice a été modifié ou restreint à son profit.

§ 4. — *Des preuves, au point de vue de la conviction du juge.*

Le juge ne doit jamais s'arrêter qu'aux faits allégués par les parties, et les preuves produites par elles doivent seules servir à éclairer sa religion. « *Secundum allegata et probata, judex judicare debet.* » Ce n'est pas comme homme qu'il doit se prononcer, d'après la connaissance personnelle qu'il pourrait avoir acquise du fait, ou d'après la notoriété publique, c'est comme magistrat, comme organe de la loi, d'après les éléments de la procédure et les documents présentés dans l'instance.

Mais jusqu'à quel degré de certitude la preuve doit-elle être portée pour pouvoir servir de base au jugement? Cette question, qui est abandonnée à l'appréciation des juges, est résolue par eux dans leur conscience. Toutefois, afin de diminuer les chances d'erreur, la loi assigne dans certains cas une limite à leur arbitrage et détermine exactement le degré de force probante de certains moyens de preuve.

Il n'en a pas toujours été ainsi sur ce point. Dans l'ancienne jurisprudence, les auteurs divisaient communément la preuve en *preuve complète*, *semi-preuve* et *preuve légère*, attribuant à chacune d'elles une force relative déterminée, et réglementant ainsi la conscience des juges. A côté de cette division arbitraire, ils avaient établi des distinctions fort subtiles entre l'*indice*, la *conjecture* et la *présomption*. Ces classifications puériles n'avaient aucune raison d'être. Il ne peut pas plus y avoir de demi-preuves que de demi-vérités : « *Veritas est indivisa et quod non est plene verum non est semi-plene verum, sed plene falsum.* » (Contius sur la loi 3 au Code, *Ad legem Juliam majestatis.*)

Si le demandeur n'apporte pas à l'appui de sa prétention des preuves suffisantes, il est débouté, et le jugement constate qu'il n'a pas droit au bénéfice qu'il réclamait. Le défendeur triomphe sans avoir même pris part au débat. « *Actor non probante, reus absolvitur.* » Cette règle posée déjà par le droit romain résulte de ce principe que devant la justice tout ce qui n'est pas prouvé est censé ne pas être. « *In ipsis*

» *probationibus tota judicii vis sita est. Is enim qui*
» *probare non potest nihil habet, et ubi probatio deficit,*
» *perinde est ac si illud quod non probatur non esset,*
» *et probari non posse vel non esse idem sunt; et qui non*
» *probat dicitur jure carere.* » (Mascardus, De probationibus.)

Aujourd'hui le juge ne pourrait dans cette circonstance refuser, sans se rendre coupable de déni de justice, de se décider en faveur du défendeur. Il peut seulement, si la demande ou l'exception n'est pas complétement dénuée de preuve, déférer le serment supplétoire à l'une ou à l'autre des parties.

Il n'en était pas toujours ainsi en droit romain. Le juge qui ne parvenait pas à débrouiller une affaire pouvait rendre une sentence qui n'était pas définitive et qui se bornait à ces mots : *non liquet*. Il avouait par là qu'il n'avait pu parvenir à se former une conviction.

Dans notre ancienne jurisprudence, on imagina d'autres expédients pour résoudre les cas douteux. Des auteurs proposèrent de trancher le différend par moitié, ce que Cujas appelle avec raison *anile judicium*; d'autres de le terminer par le sort, et la fameuse sentence des *bûchettes*, en 1644, ne fut rien autre chose que la mise en usage de cet absurde procédé.

Dans les temps modernes, Bentham a proposé de renverser l'ancienne règle et de donner gain de cause au demandeur, même dans l'hypothèse où il n'aurait pas établi son droit, si le défendeur gardait le silence. Pour cela, il fait remarquer que les causes gagnées par le demandeur sont dans une proportion bien supérieure à celles gagnées par les défendeurs, et il en conclut à l'existence d'une *présomption antéjudiciaire* en faveur des demandeurs, qui dans son opinion devraient toujours être présumés avoir raison. Cette tentative d'innovation n'a pas rencontré de partisans. On peut nier qu'il y ait *a priori* une présomption quelconque en faveur de l'une ou l'autre des parties ; et même en l'admettant au profit du demandeur, on ne peut pas raisonnablement exiger en principe que celui qui réclame un bénéfice sans le prouver, doive pourtant jusqu'à preuve contraire être censé y avoir droit par cela seulement qu'il joue le rôle de demandeur.

§ 5. — *Moyens de preuve.*

Il y a des choses tellement évidentes, qu'elles n'ont pas besoin d'être prouvées ; il y en a d'autres qu'il est impossible de tirer complétement de l'incertitude. Entre ces deux classes de faits se trouvent ceux sur lesquels on peut être plus ou moins fondé, et à la connaissance desquels on arrive soit par l'expérience personnelle, soit par le raisonnement ou l'autorité du témoignage. Ce qu'on appelle la preuve littérale ou préconstituée est celle qui résulte des écrits quels qu'ils soient. C'est certainement de toutes la plus parfaite, car c'est elle qui prête le moins à la fraude et à la corruption.

La preuve est directe ou indirecte ; directe lorsqu'elle tend à établir le fait contesté à l'aide de moyens de conviction empruntés immédiatement à l'expérience et s'appliquant précisément à ce fait ;

indirecte, quand elle tend à établir ce fait à l'aide d'inductions ou de conséquences tirées d'autres faits connus. Ces inductions constituent ce qu'on appelle des présomptions de fait ou de l'homme. Cette division correspond assez exactement à celle qu'Aristote et Cicéron avaient déjà donnée de la preuve en preuve artificielle et preuve inartificielle. Il n'y a aucune règle établie relativement à la preuve indirecte ou artificielle.

Tous les moyens de preuve peuvent se ramener à trois principaux, qui sont l'aveu, le témoignage et les présomptions. On peut ajouter si l'on veut l'expérience personnelle à laquelle se rattachent la descente sur les lieux et l'expertise; mais en matière civile ce mode est peu fréquemment employé.

L'aveu comme le témoignage peut être écrit ou verbal. Dans l'aveu, rentrent les écritures privées; dans le témoignage, les titres authentiques; dans les présomptions, le serment. Ces moyens ont été diversement employés, selon l'état des mœurs et le progrès des temps. On comprend que dans un état de civilisation peu avancé, dans un peuple où l'écriture était peu répandue, la preuve littérale ne pût jamais devenir d'un usage général. C'est ce qui explique la grande faveur dont jouit longtemps la preuve testimoniale dans les premiers temps de l'empire romain et dans presque toutes les nations du moyen âge. Les preuves par les éléments ou par le duel judiciaire n'avaient jamais été admises en droit romain; toutefois, pour arriver à obtenir l'aveu du défendeur, on employait quelquefois la torture, surtout en matière criminelle.

Au titre *de probationibus*, il n'est pas fait mention du serment comme moyen de preuve. Le serment extrajudiciaire constituait en effet un pacte et non une preuve. Il fournissait une action ou une exception, et le procès ne pouvait plus alors porter que sur la question de savoir s'il avait été ou non réellement prêté. Si, dans le cours du procès, *in jure* ou *in judicio*, l'une des parties déférait à l'autre le serment en offrant de tenir pour vrai ce qu'elle aurait juré, le préteur ou le juge se décidait suivant que celle-ci jurait ou refusait de le faire; mais c'était là un moyen de terminer la contestation et non un moyen de preuve. Quant au serment supplétoire, il se rattachait aux présomptions comme un moyen donné aux juges de s'éclairer sans être aucunement liés.

Il y a aussi des auteurs qui rejettent toute idée de preuve par confession et considèrent simplement l'aveu comme un fait emportant une présomption légale de la vérité du fait avoué. Ce système, qui dispense les parties de toute preuve, enlève aussi au juge le droit d'en exiger.

CHAPITRE II.

DE LA PREUVE LITTÉRALE DANS LES LÉGISLATIONS ANCIENNES.

L'usage de constater par écrit l'existence des différentes conventions que l'état de société nécessite parmi les hommes, a dû suivre de près l'invention de l'écriture. Nous trouvons chez les peuples de la plus haute antiquité des traces certaines de l'emploi qui en fut fait. Chez les peuples commerçants surtout, là où les transactions étaient les plus nombreuses et où par conséquent la fraude avait beaucoup plus d'occasion de se produire, ce procédé fut employé de bonne heure pour prévenir les contestations et fixer d'une manière durable les droits des contractants. On le remarque moins dans les pays, qui, comme Sparte, étaient soumis à des lois austères et dont le commerce et les arts étaient bannis. Chez les Hébreux, pour éviter la concentration des richesses et le développement exagéré des fortunes privées, on avait entravé la circulation et la transmission des biens par un certain nombre de règles analogues à celles qui faisaient rentrer, après cinquante ans, les biens dans le patrimoine de leur propriétaire primitif ou qui prescrivaient la remise de toute dette après la septième année. Aussi y avait-il parmi eux fort peu d'écrits.

Si l'on en juge par les renseignements puisés dans les anciens historiens, avant de servir aux conventions des particuliers, l'écriture fut particulièrement réservée aux traités internationaux, aux messages des souverains entre eux et surtout à la constatation de la volonté du prince. C'est au moins ce qui eut lieu chez les Égyptiens.

Les écrits privés furent les premiers employés et ils étaient depuis longtemps en usage, quand les actes publics furent inventés. Un des caractères les plus saillants de ces écrits privés chez les anciens peuples, c'est le défaut de signature. On y suppléait par l'emploi d'un sceau ou d'un cachet apposé par los contractants et souvent par les personnes présentes à la rédaction de l'écrit. Il n'y avait donc pas à vrai dire d'acte sous signature privée. Une autre particularité assez remarquable, c'est que rarement l'acte était dressé entre les seules parties intéressées ; le plus souvent, et chez quelques-uns c'était là une des conditions obligatoires de la validité de l'acte et de sa force probative, la présence de témoins en plus ou moins grand nombre était nécessaire.

Peut-être est-ce dans les nombreux inconvénients résultant du défaut de signature réelle des écrits, dans les difficultés auxquelles donnaient souvent lieu les vérifications d'écritures, et dans les fraudes continuelles qu'occasionnait l'usage des sceaux, enfin dans la nécessité de recourir au témoignage des personnes présentes aux conventions, qu'il faut chercher la cause du peu de faveur qui s'attachait à ce mode de preuve. Mais à côté de ces inconvénients, il y avait un avantage très-précieux à une époque surtout où l'écriture était connue de fort peu de personnes. C'est qu'il n'était pas nécessaire que les parties sussent signer. Il est vrai que, restant étrangères à la rédaction de l'acte, elles étaient obligées de s'en rapporter aveuglément à celui qui dressait les conventions. C'était pour remédier à ce défaut absolu de contrôle qu'on faisait intervenir les témoins dont nous avons parlé. Du reste on voit dans certaines législations des mesures très-sévères établies contre les fraudes des écrivains publics chargés de rédiger ou de copier les conventions. Aussi chez les Égyptiens, la peine infligée en pareil cas était l'amputation des deux mains.

Dans l'ordre chronologique, ce sont les Babyloniens qui paraissent avoir les premiers fait usage de la preuve littérale. Les Hébreux les imitèrent. Nous en avons un exemple dans la Bible ; la donation de Tobie à son fils est rédigée par écrit. A Athènes, les écrits étaient dressés en présence de témoins et le dépôt en était fait chez un simple particulier, le plus souvent chez un banquier. Les banquiers et commerçants y tenaient aussi des registres qui pouvaient dans certains cas servir de preuve.

PREMIÈRE PARTIE.

DROIT ROMAIN.

NOTIONS GÉNÉRALES.

La preuve littérale eut en droit romain une importance beaucoup moins grande que celle qu'elle a acquise dans nos jours. Dans les premiers temps, elle n'était même pas employée, car l'écriture était inconnue ou tout au moins d'un usage fort peu répandu. Quand, avec le progrès des temps, l'écriture passa dans les habitudes et dans les mœurs d'un plus grand nombre de citoyens, la preuve littérale vint prendre place à côté de la preuve testimoniale dans la procédure judiciaire, mais en fait elle y occupa toujours un rang secondaire. A Rome, comme dans notre ancienne jurisprudence et contrairement à ce qui a lieu chez nous depuis l'ordonnance de Moulins, il était vrai de dire que les témoins passaient avant les lettres, sinon pour l'autorité qu'ils devaient légalement apporter, au moins pour le grand nombre de cas dans lesquels ils étaient seuls employés.

Cette supériorité relative qui a principalement sa source dans les mœurs, s'explique encore par le principe général de la législation romaine, que le juge pouvait former sa conviction par tous les moyens possibles. Aucun système de preuve ne lui était imposé, il pouvait ordonner à tout instant de la procédure la production des titres et l'audition des témoins. Les parties jouissaient également de cette faculté. Le demandeur faisait d'abord valoir tout ce qui pouvait appuyer ses prétentions et faire tomber celles de son adversaire; celui-ci produisait à son tour tous ses moyens; le premier répliquait et ainsi de suite, aussi longtemps que le juge le permettait. Celui-ci, en vertu de son *arbitrium*, pouvait toujours accueillir de nouveaux moyens de preuve ou déclarer que sa conscience était suffisamment éclairée. On comprend que ce système de procédure devait particulièrement favoriser l'emploi de la preuve testimoniale.

Quant à leur efficacité, la preuve par titres et la preuve par témoins étaient mises sur la même ligne; cela résulte de la loi 15 au Code, *De fide instrumentorum* : « *In exercendis litibus eamdem vim obtinent tam fides instrumentorum quam depositiones testium.* » La preuve littérale n'était jamais exigée, au moins en règle générale. Quand les parties rédigeaient un écrit, elles le faisaient non pas pour valider par là leur convention, mais pour obtenir un moyen facile et stable de la prouver. Gaïus s'exprime en ce sens à la loi 4 au Digeste, *De fide instrumentorum* : « *Fiunt enim... scripturæ ut quod actum est per eas facilius probari possit et sine his autem valet quod actum est si habeat probationem.* » Plusieurs constitutions font l'application de ces règles à des espèces particulières. Ainsi Alexandre dit que l'on peut prouver son droit de propriété, non-seulement par le titre de l'acquisition, mais encore par d'autres preuves (Loi 4 au Code, *De probationibus*). Dioclétien et Maximien décident que l'on peut prouver tant par témoins que, par titres l'acquisition faite par son père, la prise de possession et le payement du prix (Loi 12, au même titre). — Les mêmes empereurs disent encore que bien qu'on soit dénué de titres, on n'en demeure pas moins propriétaire du fonds en possession duquel on a été mis par suite d'une donation (Loi 12, au Code, *De fide instrumentorum*). — Ils déclarent ailleurs que le partage fait régulièrement, mais sans titre, doit être maintenu.

Il pouvait se faire néanmoins que les contractants eussent l'intention de soumettre la validité de leur opération à la confection d'un écrit. Alors l'écrit était nécessaire à la validité de la convention. Une constitution de Justinien le décide spécialement pour la vente (au Code, loi 19, *De fide instrumentorum*). Et cette décision est rapportée dans les Institutes au titre *De emptione venditione*. — L'écrit était toujours nécessaire, même dans le silence des parties, quand elles s'obligeaient par l'obligation littérale.

Il y avait même quelques cas où la loi par exception exigeait spécialement un écrit. Ainsi on ne pouvait prouver que par écrit sa qualité d'ingénu : « *Soli enim testes ad ingenuitatis probationem non sufficiunt.* » Il en était de même vers le dernier état du droit pour quelques contrats importants, notamment pour l'adoption, la transaction et certaines donations entre-vifs ou testamentaires.

Il ressort évidemment de toutes ces décisions que

chez les Romains on pouvait prouver les contrats aussi bien par témoins que par titres. Mais, lorsqu'on avait fait un écrit, celui-ci pouvait-il être combattu par la preuve orale? Oui, sans aucun doute si l'on en contestait la sincérité; alors les témoins étaient admis pour la vérification d'écriture. Pour les autres cas, la réponse est aujourd'hui controversée, car il y a sur ce point des textes dont l'interprétation est douteuse. Paul dans ses Sentences (livre 5, t. 16, § 4) paraît bien formel pour repousser la preuve orale :
« *Testes, cum de fide tabularum nihil dicitur, adver-*
» *sus scripturam interrogari non possunt.* » Et cette doctrine semble confirmée par la loi première au Code, *De testibus*. Cette loi consiste en une constitution grecque restituée par Cujas d'après le texte des Basiliques et attribuée par lui à Antonin. Elle serait ainsi conçue : « *Contra scriptum testimonium non*
» *scriptum testimonium non fertur.* » Ces textes nous semblent irréfragables et nous n'admettons pas le système de Schutling consistant à dire qu'il ne s'agit dans ces lois que des témoins signataires de l'acte, mais non pas de témoins *in genere*, de la preuve testimoniale en elle-même. Cette opinion nous paraît subtile et nous n'apercevons aucun fondement sérieux pour appuyer la distinction qu'elle suppose.

On oppose, il est vrai, les principes généraux, la loi 15 au Code, *De fide instrumentorum*, dont nous avons déjà parlé et qui semble établir une égalité parfaite entre la preuve orale et la preuve testimoniale. Mais cette loi décide simplement que les deux modes de preuve pris isolément doivent être admis avec la même autorité, elle ne tranche pas du tout la question de savoir si les témoins peuvent être entendus contre les actes produits. On prétend tirer encore un argument de la constitution adressée par Justinien aux avocats de Césarée, qui forme la loi 14 au Code, *De contrahenda et committenda stipulatione*. Cette constitution décide qu'on ne pourra attaquer une stipulation comme faite entre absents, quand il y aura un acte écrit constatant que les parties étaient présentes, à moins toutefois que l'une d'elles ne puisse prouver un *alibi, manifestissimis probationibus*, c'est-à-dire *per scripturam vel saltem per testes undique idoneos*. Voilà donc, dit-on, une espèce où le législateur se montre très-rigoureux pour l'admission des preuves qui doivent combattre l'écrit primitif et où cependant la preuve testimoniale est admise. Nous répondrons : Oui, cela est vrai, les témoins seront entendus dans cette hypothèse pour déposer contre le titre, mais c'est parce qu'il s'agit précisément de discuter la sincérité de ce titre; or, nous l'avons reconnu au commencement, dans cette circonstance la preuve testimoniale est toujours admise.

Avant d'entrer dans les détails de la matière, il nous reste à donner le sens du mot *instrumentum*. Dans un sens large, il désigne tous les moyens de preuve (*rationes*) qu'un plaideur peut employer pour établir (*instruere*) le droit auquel il prétend : « *Instru-* » *mentorum nomine ea omnia accipienda sunt, qui-* » *bus causa instrui potest.* » (Paul, loi 20 au Dig., *De fide instrumentorum*). Il comprend alors les déclarations de témoins, les monuments, les écrits, les marques, signes ou vestiges quelconques, les aveux, etc... Il désigne souvent plus spécialement les écrits dressés pour conserver le souvenir d'un acte. C'est avec cette signification qu'il est employé dans notre titre au Digeste et qu'on dit encore de nos jours *instrumenter*.

Les documents que nous offrent sur cette matière les recueils de textes ne sont pas très-nombreux. Dans le droit romain classique nous ne trouvons guère que quelques textes de Gaïus et le titre fort court *De fide instrumentorum et amissione eorum*, au Digeste. Ce fut surtout sous Justinien, alors que l'écriture était devenue plus générale, que les différents modes de preuve par écrit furent réglés. Le titre du Code est plus explicite que celui du Digeste, et il fut suivi de Novelles qui apportèrent de graves et nombreuses modifications aux principes primitifs.

CHAPITRE Ier.

DE LA FORME DU TITRE.

On distinguait les actes publics (*instrumenta publica, forensia*) et les actes privés (*privata, domestica*). La différence qui les séparait n'était pas si profonde que dans notre droit; néanmoins, comme ils étaient sous beaucoup de points soumis à des règles particulières, nous les étudierons séparément, nous réservant de signaler au fur et à mesure qu'elles se présenteront les dispositions qui s'appliquent sans distinction à toute espèce d'actes. Nous commencerons par les actes privés qui sont les plus nombreux et les plus intéressants.

Section I. — Des actes privés.

Les actes privés sont ceux qui sont écrits et signés par les parties contractantes ou bien écrits par un tiers et signés par les parties sans le concours d'un officier public.

§ 1ᵉʳ. *Différentes espèces d'actes privés.*

Les noms et les formes de ces titres ont varié suivant les temps et aussi suivant les différents actes qu'ils étaient destinés à constater; leurs transformations successives sont fort intéressantes à observer, surtout si on les rapproche de la marche générale du droit romain, depuis l'origine jusqu'à Justinien.

C'est ici que nous rencontrons sur notre chemin un sujet fort important et encore fort controversé qui a avec le nôtre les plus intimes rapports, nous voulons parler de l'obligation littérale, cette sorte de stipulation écrite, dernière dérivation de l'ancien *nexum*, qui forme pour ainsi dire la transition entre le système formaliste et rigoureux de l'ancienne législation en matière d'obligation et les principes beaucoup plus naturels, plus philosophiques, des temps modernes sur l'effet du simple consentement. Bien qu'elle ne soit pas le sujet immédiat de notre travail, nous ne pouvons, précisément à cause du mélange et de l'enchevêtrement des deux matières, nous dispenser d'en dire quelques mots. Du reste, elle nous appartient en un point, en ce que l'écrit qui servait à créer l'obligation *litteris* servait en même temps à la prouver; et à ce titre d'écrit probatoire, d'*instrumentum*, il est juste que nous en parlions.

Nous allons passer en revue les diverses formes que ces actes revêtirent.

Tabulæ. Codex. — Ce fut à Rome de bonne heure, un usage presque national que chaque *paterfamilias* consignât sur un registre domestique, jour par jour, comme le font chez nous les commerçants, tout ce qui concernait les intérêts pécuniaires de la famille. Le contenu de ces livres se trouve ainsi détaillé dans les annotations d'*Asconius Pedianius* sur la seconde Verrine de Cicéron : « *Moris autem fuit unumquemque do-*
» *mesticam rationem sibi totius vitæ suæ per singulas*
» *dies scribere ex quâ appareret quid quisque de redi-*
» *tibus suis, quid de arte fænore lucrove seposuisset quo-*
» *que die et quid idem sumptus damnive fecisset.* » Ce registre dont le brouillon mensuel s'appelait *adversaria* portait le nom de *codex* ou de *tabulæ*. Le brouillon ne pouvait être d'aucune autorité en justice ; les *tabulæ* au contraire y jouissaient d'une très-grande faveur à cause de leur origine antique et de leur caractère presque religieux. Cicéron, qui nous a fourni de très-curieux détails sur ce mode de preuve, nous fait très-bien connaître dans son plaidoyer *pro Roscio* l'importance de ces tables domestiques : « *Quid est quod*
» *negligenter scribamus adversaria? Quid est quod*
» *diligenter conficiamus tabulas? Quâ de causa? Quæ*
» *hæc sunt menstrua, illæ sunt æternæ; hæ delentur*
» *statim, illæ servantur, sanctæ; hæ parvi temporis*
» *memoriam, illæ perpetuæ existimationis fidem et*
» *religionem amplectuntur...* » Il paraît même certain que ce registre était rédigé avec une page pour

l'actif et une pour le passif, et un compte particulier pour chaque correspondant indiquant d'un côté l'*acceptum* et de l'autre l'*expensum*. Un passage de Pline relatif à la fortune ne laisse guère de place au doute : « *Hinc omnia expensa, hinc omnia feruntur* » *accepta, et in totâ ratione mortalium, sola utramque* » *paginam facit.* » Aussi appelait-on quelquefois le *codex, codex accepti et expensi*. Des précautions étaient prises pour en assurer la loyauté et le respect ; Denys d'Halicarnasse nous apprend que les censeurs étaient chargés de recevoir tous les cinq ans le serment des citoyens sur la fidélité de leurs registres, *de fide tabularum*.

Dans les premiers siècles de Rome, l'usage de ces registres était tellement général qu'il était inouï de rencontrer quelqu'un qui ne les tînt pas régulièrement. C'est pour cela que Cicéron dans son second discours contre Verrès lui reproche si amèrement sa négligence : « *Nam in isto, judices, hoc novum repe-* » *rietis. Audimus aliquem tabulas nunquam con-* » *fecisse. Audimus alium non ab initio fecisse sed ex* » *tempore aliquo confecisse. Hoc vero novum et ridicu-* » *lum est...* » Mais sous l'empire, cette coutume tendit à disparaître Asconius nous en donne la raison : « *Post-* » *quam litteris reorum ex suis quisque tabulis dam-* » *nari cœpit, ad nostram memoriam tota hæc vetus* » *consuetudo cessavit.* » Gaïus à l'époque classique n'en parle plus. Les *argentarii* (ou *mensularii, nummarii*) furent les derniers à la conserver.

Les énonciations de ce registre pouvaient être invoquées en justice pour toute espèce de convention ; mais la preuve contraire était toujours réservée, et en cas de contestation, le juge devait avoir égard aux personnes et aux circonstances.

Quand cette énonciation n'était pas autre chose qu'une inscription de créance, elle prenait la dénomination de *nomen*, du nom du débiteur qui était couché sur le livre. Par la suite, ce mot désigna la créance elle-même et fut très-souvent employé dans ce sens.

Arcaria nomina. — On appelait ainsi les énonciations par lesquelles on constatait les créances résultant d'un *mutuum*. Ce qui engendrait l'obligation, ce n'était pas l'inscription de la créance, mais la numération, la dation des espèces. Gaïus le dit formellement à la fin du § 131 de son Commentaire III : « *Arcaria nomina nullam facere obligationem, sed obligationis factæ testimonium præbere.* » Leur nom s'explique, non parce que les écritures qui les constataient devaient être déposées dans le coffre fort (*arca*), mais parce que l'objet de la créance était une somme d'argent tirée de la caisse du prêteur. Comme il n'y avait encore ici qu'un simple écrit probatoire, il en résultait que les pérégrins étaient admis comme les citoyens à contracter ce genre d'engagements : « *Unde proprie dicitur, arcariis nominibus etiam peregrinos obligari, quia non ipso nomine sed numeratione pecuniæ obligantur : quod genus obligationis juris gentium est.* » (Gaius, Com. III, § 132.)

Nomina transcriptitia. — Les *nomina* dont nous avons maintenant à parler sont les *nomina* proprement dits ; ce sont les énonciations du *codex* qui ont pour but, non pas seulement de prouver l'obligation, mais de la créer. Que deux parties s'entendent,

Primus et *Secundus*; que *Primus* permette à *Secundus* d'écrire sur son registre : *Expensum Primo centum*; il se trouve par le fait même de l'écriture engagé à lui payer 100 pièces d'or. Ce n'est pas ici la dation des espèces qui forme l'obligation (il se peut que cette obligation soit purement fictive), c'est l'inscription de la créance avec le consentement du débiteur.

Était-il nécessaire que *Primus* écrivît de son côté sur ses livres : *acceptum a Secundo centum*? C'est une question controversée que nous n'aborderons pas. Nous dirons seulement qu'aujourd'hui on s'accorde généralement à croire que cette formalité n'était pas nécessaire et que le registre du créancier régulièrement tenu fournissait à lui seul une preuve suffisante. Pour établir le consentement du débiteur, on pouvait alors recourir à toute espèce de moyens.

C'est pour indiquer la création de cette sorte d'obligation que dans les textes juridiques comme aussi dans les écrits littéraires on emploie souvent ces expressions *nomina facere, scribere, expendere nummos*. Son nom véritable est *expensilatio*; elle fait le pendant de la *stipulatio* qui dérive comme elle du *nexum* primitif.

D'où leur vient le nom de *transcriptitia* que Gaïus leur a donné dans son Commentaire? Selon quelques auteurs, ce nom vient de ce que la mention solennelle est transcrite du brouillon sur le registre. Dans ce système, la distinction faite par le même Gaïus des *nomina transcriptitia a re in personam* ou *a persona in personam* ne peut plus se comprendre. Il vaut mieux croire que cette dénomination leur a été attribuée par suite de la novation qui intervient presque toujours en vertu de l'inscription, soit par changement de débiteur *a persona in personam*, soit par changement d'action *a re in personam*.

Déjà nous savons que sous l'Empire l'usage du *codex* s'était graduellement perdu ; à la fin même, il n'était plus consacré qu'à l'insertion des *nomina* dont nous venons de parler. Il finit par disparaître totalement et l'usage des *nomina* avec lui. C'est pour cela que Justinien, dans le *principium* du titre *De litterarum obligatione* aux Institutes, peut nous dire : « *nomina hodie non sunt in usu.* »

Syngraphæ. Chirographa. — L'*expansilatio* étant dans l'origine un contrat purement civil, strictement réservé aux citoyens, les pérégrins n'étaient pas admis à l'usage des *nomina transcriptitia*. Nerva les excluait complétement, Sabinus et Cassius leur interdisaient seulement les *nomina transcriptitia a re in personam*. Ils durent avoir recours à d'autres formes et ils inventèrent d'abord le *syngrapha* (de σύν avec, γράφω j'écris). C'était un écrit signé par toutes les parties et remis en exemplaires différents à chacune d'elles. Puis l'acte se borna à mentionner comme un simple billet l'obligation du débiteur et sa signature ; ce fut le *chirographum* (de χείρ main et γράφω j'écris). La différence qui séparait ces deux actes nous a été révélée par Asconius : « *Chirographa ab una parte servari solent; syngraphæ signatæ utriusque manu, utrique parti servandæ traduntur.* »

La première forme est beaucoup plus ancienne que la seconde, car Plaute, au 6ᵉ siècle de Rome, y fait déjà allusion dans ces comédies ; mais elle disparut aussi la première bien avant la rédaction du *Corpus juris* de Justinien où elle n'est même pas mentionnée.

On ne s'accorde pas sur le point de savoir si ces écrits constituaient une véritable obligation *litteris* comme les *nomina* ou simplement un *instrumentum*, un écrit probatoire. En Allemagne, on décide le plus généralement qu'ils fournissaient seulement un moyen de preuve et qu'ils étaient assimilables aux *arcaria nomina*. L'opinion contraire semble avoir prévalu en France. Nous y voyons la dernière forme de l'obligation *litteris* ou plutôt l'obligation *litteris* mise à la portée des pérégrins, et le texte de Gaïus ne nous paraît pas permettre le doute sur l'existence de cette institution, au moins au temps de ce jurisconsulte. Il ne dit pas, il est vrai, comme pour les *nomina* : *litterarum obligatio fit chirographis et syngraphis;* il dit seulement : *litterarum obligatio fieri videtur....* Mais on ne peut donner à cette légère variante de rédaction une portée si grande qu'elle implique une différence considérable entre ce genre d'écrits et ceux dont l'auteur parlait précédemment; toutefois après Gaïus il est fort possible que le *chirographum* survivant seul au *syngrapha* et venant à se confondre avec un autre écrit dont nous aurons à parler tout à l'heure, la *cautio*, ait changé de nature tout en conservant son nom primitif et soit devenu un simple moyen de preuve destiné à constater une obligation préexistante. Nous dirons plus tard le rôle important que l'exception *non numeratœ pecuniœ* joua dans cette transformation.

Cautiones. — Le mot *cautio* n'a pas en droit romain le sens spécial que nous lui attribuons en droit français. Pris *lato sensu*, il désigne toute espèce de ga-

rantio donnée par une partie à l'autre, et alors il renferme tous les écrits probatoires. On l'emploie aussi spécialement pour désigner la promesse écrite de payer une somme d'argent déterminée (*certam pecuniam*), en retour le plus souvent d'un *mutuum* déjà fait ou qui reste à faire. C'est dans cette acception que le mot *cautio* est devenu pour ainsi dire le synoyme de *chirographum*, tellement que dans les textes du Digeste on les prend souvent l'un pour l'autre. Il y a même une constitution d'Alexandre Sévère qui qualifie la *cautio* d'obligation. C'est la constitution 7 au Code, *De non numerata pecunia*, liv. IV, tit. 20, où on lit ces mots : « *si quasi accepturus mu-*
« *tuam pecuniam adversario* cavistis, *quæ numerata*
» *non est, per condictionem* obligationem *repetere....*
» *potestis.* » Il y aurait sans doute beaucoup à discuter sur ce texte, le mot *cavere* y est-il employé dans un sens général ou restreint? Le mot *obligatio* désigne-t-il un titre générateur d'obligation ou seulement un écrit destiné à constater la convention ? Ce sont là des questions qu'il pourrait être intéressant d'examiner ; mais comme elles se rattachent plutôt à la théorie de l'obligation *litteris* qu'à celle de la preuve, nous ne nous y arrêterons pas. Seulement pour résumer, nous dirons que dans notre opinion le mot *cautio* ne doit s'entendre le plus souvent que d'un simple écrit probatoire ; que si on le rencontre parfois avec la signification d'un écrit générateur d'obligation, c'est qu'il est employé pour désigner le *chirographum*.

Apocha (de απεχω, je reçois). —On désigne par là ce que nous appelons aujourd'hui la quittance, c'est-à-dire l'écrit par lequel un créancier reconnaît qu'il a été payé et qui sert au débiteur à prouver sa libération. Ce genre d'écriture était particulièrement employé pour la perception des revenus, fermages ou intérêts.

Antapocha (de ἀντί, en échange de, et *apocha*). — C'est le *récépissé* de la quittance ou contre-quittance. Ce titre est remis au créancier et le sauvegarde contre la prétention que le débiteur d'une dette périodique pourrait émettre d'être libéré par la prescription. Elle tient lieu pour lui d'acte récognitif et n'a d'utilité que dans des cas assez rares. (Loi 10 au Code, *De fide instrumentorum et amissione eorum et de apochis et antapochis faciendis*).

Tels sont les actes privés dont les textes romains font mention. Nous y avons trouvé les actes privés ordinaires dans les *syngraphæ*, les billets dans les *cautiones* et les *chiropapha*, les papiers de famille et les registres des commerçants dans les *tabulæ*; nous avons dit un mot aussi des *antapochæ* qui suppléaient aux actes récognifs. Ce sont à peu de chose près les mêmes actes que nous trouverons en droit français comme formant les éléments de la preuve littérale privée.

Les diverses modalités de ces actes nous étant désormais connues, nous pouvons aborder l'étude des formalités qui sont nécessaires pour leur validité.

§ 2. — *Formalités essentielles des actes privés.*

Les écrits, soit qu'ils aient été rédigés par les parties ou par un tiers, soit qu'ils aient été faits avec ou sans l'assistance de témoins, devaient toujours au moins être signés par les contractants. C'est ce que décide expressément la loi 11 au Code, *Qui potiores in pignore*, liv. 8, tit. 18 : « *Scripturas quæ sœpe assolent a qusbusdam secreto fieri, intervenientibus amicis necne, ...sive tota series eorum manu contrahentium, vel notarii vel alterius cujuslibet scripta fuerit, ipsorum tamen habeant subscriptiones (signature), sive testibus adhibitis, sive non.* » Aussi faut-il décider qu'un billet écrit en entier par le débiteur, mais non signé de lui, n'a en droit strict aucune valeur, quand même il porterait son nom en tête, comme cela a lieu dans l'exemple cité à la loi 28, *Depositi vel contra*, au Dig., liv. 16, tit. 8. Il s'agit dans cette loi d'une reconnaissance de dépôt faite dans une lettre non signée, mais commençant par donner les noms du dépositaire et du déposant : « *Cœcilius Candidus Pactio Ragatiano suo salutem.* » Cette lettre n'a aucune valeur juridique, et avec raison ; car souvent un acte ainsi conçu ne serait qu'un simple projet, et ce serait fournir nombreuses occasions de fraude que de lui donner force obligatiore.

Il n'est pas nécessaire en principe d'appeler des témoins à la rédaction des actes privés, beaucoup de textes le prouvent. Mais quand les actes sont aussi passés sans témoins ou même avec moins de trois, ils ont une efficacité fort restreinte, ils ne peuvent créer de droits réels, et les titres publics, quoique postérieurs en date, l'emportent toujours sur eux. Ainsi, nous voyons dans la loi 11 du titre *Qui potiores in pignore*, cité plus haut, l'empereur Léon décider que le porteur d'un titre authentique passera sur le gage ou le bien hypothéqué avant le porteur d'un acte privé, quand même celui-ci aurait une date antérieure : « *Sin au-*

» *tem jus pignoris vel hypothecæ ex hujusmodi instru-*
» *mentis vindicare quis sibi contenderit, ⟨...⟩ is-*
» *trumentis publice confectis nititur, præpon⟨...⟩*
» *mus etiamsi posterior is contineatur.* »

Mais les parties ont un moyen facile d'éviter ce résultat et de donner aux écrits une plus grande autorité en appelant des témoins, au moins trois (*non minus tribus*), à concourir à l'acte et à le signer. Alors cet acte a presque la valeur d'un acte authentique. C'est l'empereur Léon qui le dit dans la loi citée plus haut : « *Tunc enim quasi publice confecta accipiuntur.* » Ce procédé est particulièrement prescrit aux parties pour le dépôt, le *mutuum* et quelques autres contrats par les chapitres 1 et 2 de la novelle 73. Cette mesure fut prise par suite de nombreux procès en vérification d'écritures qui avaient eu lieu et Justinien la justifie en ces termes : « *Ut non in sola scriptura et ejus examinatione pendamus, sed sit judicantibus etiam testium solatium.* » La sanction de cette disposition se trouve au chapitre 4 de la même novelle et consiste en ce que l'écrit n'aura aucune force obligatoire s'il n'est corroboré par les dépositions des témoins. L'empereur accorde pourtant une dernière ressource, *novissimum refugium* ; il permet au créancier de déférer le serment au débiteur.

Déjà avant d'édicter ces dispositions, Justinien avait prescrit dans une constitution que tout billet ou quittance dont l'objet excédait 50 livres d'or devait être souscrit par trois témoins.

Une décision analogue fut l'objet de la novelle 73, par laquelle il ordonna que tous les titres ayant pour objet plus d'une livre d'or portassent la signature de trois témoins et même de cinq si le contrat avait lieu entre personnes ne sachant pas écrire ou ne le sachant qu'imparfaitement, *pro illiterato aut paucas litteras sciente*. Toutefois cette loi fut restreinte dans son application aux *civitates*, à cause de la difficulté qu'on aurait eu à trouver à la campagne des témoins sachant écrire. Les habitants des campagnes remplaçaient toutes ces formes par celles prescrites dans la loi 31, *De testamentis*, au Code liv. 6, tit. 23, c'est-à-dire en appelant sept témoins au plus et cinq au moins et en faisant écrire et signer l'acte par l'un d'eux, si c'était possible.

Les témoins qui étaient ainsi appelés à concourir aux actes devaient signer. S'ils ne savaient pas le faire, ils attestaient verbalement que l'acte avait été fait en leur présence et qu'ils connaissaient la personne qui l'avait fait : *quia his præsentibus subscripsit qui documentum fecit et hunc noverunt* (Nov. 73, ch. 2); on s'en rapportait tant à leur témoignage qu'à la comparaison des écritures, et si la comparaison des écritures donnait un autre résultat que les dépositions des témoins, on s'en rapportait à leurs dépositions et à leur serment.

Il fallait que ces témoins fussent des hommes tout à fait dignes de foi, *probatæ atque integræ opinionis*. Même dans la Novelle 90, Justinien défend, par suite sans doute d'un préjugé de son temps, de faire intervenir des artisans ou des hommes obscurs, *et non quosdam artifices ignobiles, neque vilissimos, neque nimis obscuros*. Il va même jusqu'à récuser ceux qui auraient prêté leur assistance par le pur effet du hasard sans avoir été invités : « *Hæc autem inania et ex
» transitu perhibita testimonia, nulla modis omnibus
» valere ratione.* »

— On peut ici se demander s'il était nécessaire que la cause de la dette fut exprimée dans l'acte. Comme cette question se pose aussi en droit français, il ne sera pas inutile de voir comment elle était résolue en droit romain. L'écrit dans lequel la cause n'était pas indiquée n'était pas nul, mais le créancier était obligé de prouver la numération des espèces ou le fait qui avait donné lieu à l'obligation. Il en était de même quand l'écrit s'exprimait confusément, *indiscrete*, sans préciser suffisamment le fait obligatoire. Au contraire, si la cause avait été exprimée, le débiteur était forcé pour éviter la contrainte de démontrer qu'elle était fausse; *tunc enim stare eum oportet suæ confessioni*; et pour cela on exigeait de lui les preuves écrites les plus irréfragables, *apertissima rerum argumenta scriptis inserta*. C'est ce que décide Justin dans la loi 13 au Code, *De non numerata pecunia*, liv. 4, tit. 30. On exigeait rigoureusement des preuves écrites, car comme nous l'avons vu plus haut, la preuve testimoniale n'était pas admise contre un écrit dont la sincérité n'était pas contestée. Nous trouvons encore ici un argument à l'appui de l'opinion que nous avons soutenue.

La même solution se trouve reproduite dans la loi 25, § 4, au Digeste, *De probationibus*, liv. 22, tit. 3; mais remarquons que cette loi citée comme un fragment de Paul contient très-probablement une interpolation. On y voit en effet ces expressions *indiscrete loqui*, *indebite promisisse* qui n'appartiennent qu'à la langue juridique du bas Empire, et l'on est en droit de penser que cette prétendue loi de Paul n'est qu'une seconde édition de la constitution de Justinien.

On voit par ces deux textes quelle était pour le créancier l'importance de l'énonciation de la cause dans les actes, puisqu'elle le dispensait d'une preuve souvent fort difficile à établir.

Les choses ne se passaient pas tout à fait de la même manière, quand au lieu de rédiger un simple écrit probatoire, les parties s'étaient liées par une obligation *stricti juris*, comme une obligation littérale ou une *expensilatio*. Peu importait dans ce cas qu'il y eût une cause préexistante; il suffisait pour qu'il y eût obligation et que le créancier pût user de la *condictio*, que l'écrit eût été dûment rédigé. Mais les préteurs et la jurisprudence vinrent au secours du débiteur en lui accordant pour le cas où il se serait obligé sans motif, l'exception *doli mali* ou une exception rédigée *in factum*. Quand celui-ci se trouvait dans le cas d'opposer cette exception, il devait la prouver conformément aux principes généraux. Il y avait cependant un cas très-remarquable où l'on dérogeait à cette règle fondamentale : *reus excipiendo fit actor;* c'était celui de l'exception *non numeratæ pecuniæ*.

Cette exception était donnée à quiconque s'était obligé, soit par paroles soit par lettres, en vue d'un *mutuum* à venir et qui prétendait n'avoir pas reçu les espèces promises. Ce qu'elle avait de caractéristique et tout à fait dérogatoire, c'est que celui qui l'opposait n'avait pas à la prouver. Cette disposition s'explique non pas tant par l'impossibilité de prouver un fait négatif comme les empereurs Maximien et Dioclétien l'avancent dans une constitution, que par la nécessité de prévenir autant que possible les fraudes que les prêteurs d'argent pouvaient facilement commettre au détriment des gens en détresse qui demandaient à emprunter. En effet, comme la stipulation ou l'écrit intervenait souvent avant la dation des espèces, il était possible qu'un homme de mauvaise foi tentât de se prévaloir de son titre sans avoir de son côté exécuté la promesse. — Ce fut d'abord pour les simples écrits probatoires où la cause n'était pas exprimée que la preuve fut ainsi mise à la charge du créancier; ce ne fut que par extension qu'on appliqua la même règle aux écrits générateurs d'obligations comme les *chirographa*.

Mais après cette extension, l'obligation *litteris* n'exista donc plus, puisque indépendamment de la production du titre, il fallait encore que le prétendu créancier fît la preuve de la réalité de son droit? Si, l'obligation *litteris* existait encore, mais considérablement modifiée dans ses effets, il faut le reconnaître. Tant que l'exception dont nous parlons pouvait être opposée ou que la *condictio chirographi* pouvait être exercée, c'est-à-dire pendant cinq ans avant Justinien, pendant deux ans après lui, sa vertu était paralysée; mais ce terme écoulé elle la reprenait tout entière, le silence du débiteur était considéré comme un aveu et plus aucune preuve n'était admise contre l'écrit qui de simple instrument probatoire redevenait un titre constitutif d'obligation. C'est ainsi que le décide Alexandre Sévère à la loi 8 au Code, *De non numerata pecunia*, (liv. 4, tit. 30) : « *Sin vero legi-* » *timum tempus excessit, omnimodo debitum solvere* » *compellitur.* »

C'est dans ce sens qu'on peut soutenir que l'obligation *litteris* existait encore au temps de Justinien.

Section II. — Des actes publics.

Il y eut en droit romain deux espèces d'actes publics: les actes publics proprement dits ou *scripturæ publicæ*, et les *scripturæ forenses*. Ces dernières furent en usage dès le commencement de la république, les autres ne prirent naissance que dans le dernier état du droit. Remarquons qu'il arrive très-souvent, dans les textes de Justinien notamment, qu'on les confond comme si aucune différence ne les séparait.

§ 1. — *Scripturæ forenses.*

Ces écritures sont celles qui étaient rédigées par les tabellions avec les formalités prescrites en présence d'un certain nombre de témoins. On les appelait *forenses*, parce que c'était au *forum* que ces écrivains avaient leurs bureaux (*stationes*) et s'acquittaient de leur office.

Elles n'avaient pas comme nos actes authentiques d'aujourd'hui le don d'emporter exécution parée et d'être réputées vraies jusqu'à inscription de faux, elles étaient purement et simplement l'application de la preuve testimoniale à la rédaction d'un acte; celui qui écrivait cet acte n'était qu'un témoin jouissant d'un peu plus de crédit que les autres, rien de plus. Ainsi lorsque l'acte était produit en justice, le tabellion devait venir en reconnaître l'écriture et en affirmer la sincérité; s'il était mort on appelait les témoins qui avaient assisté à la rédaction; si ces témoins eux-mêmes étaient morts on recourait forcément à la vérification d'écritures. Il résultait de là que ces écrits n'avaient pas beaucoup plus de force que les écrits privés, au moins en tant que ceux-ci étaient rédigés avec le concours de trois témoins. Pour leur donner un véritable caractère d'authencité, il fallait recourir à un mode d'insinuation dont nous parlerons tout à l'heure.

Les personnes auxquelles on s'adressait pour la confection de ces actes ne ressemblaient non plus en aucune façon aux officiers qui ont aujourd'hui le pouvoir de rédiger des écrits authentiques. On trouve bien dans les anciens textes les noms de *tabellio* et *de notarius*, mais avec une tout autre signification que celle de *tabellion* dans notre ancienne jurisprudence et de notaire aujourd'hui. Précisons mieux notre pensée sur ce point important. Les dénominations dont nous venons de parler, ont constamment désigné un homme de plume, venant en aide par son ministère à ceux qui ne savent pas écrire et servant d'intermédiaire entre les parties pour rédiger par écrit leurs conventions; mais les attributions de cet homme, son rôle, son caractère ont considérablement varié suivant les époques. C'est en ce sens que nous pouvons dire que le tabellionat romain ne doit pas être considéré comme l'origine du notariat moderne. Cette origine, nous la trouverons dans notre ancienne jurisprudence française.

Ces écrivains dont nous parlons, portèrent d'abord le nom de *tabularii* ou *notarii*. C'étaient de simples scribes, ordinairement des esclaves publics qui écrivaient en abréviation (*notis*) des actes de toute nature.

Ils sténographiaient même sous le nom de *cursores* ou *logographi* les discours publics. Personne ne peut mieux les rappeler aujourd'hui que l'écrivain public. Prêtant leur ministère à tous et pour tout, ils se mêlèrent peu à peu aux affaires et acquirent une certaine influence dans la cité. Tandis que les particuliers s'habituaient à se servir de leur intermédiaire, leur rôle s'agrandissait et prenait le caractère d'une fonction publique, si bien que sous l'Empire leur charge devint comme un véritable office. Ce fut alors que l'officier qui en était chargé s'appela proprement *tabellio*. Le nom de *tabularius* ou de *notarius* resta aux simples écrivains attachés aux magistrats ou aux tabellions eux-mêmes en qualité de sous-scribes ou clercs.

Voici comment à cette époque le titre était rédigé : les *tabularii* installés au *forum* en dressaient d'abord un projet qu'on appelait *scheda*, puis on allait devant le tabellion qui mettait le brouillon au net (*in mundum*) et en donnait lecture aux trois témoins.

L'écriture se faisait d'abord sur des tablettes de bois enduites de cire (*ceræ*), puis sur un papier (*charta*) marqué d'un timbre qu'on appelait *protocollum* et qui portait le nom du ministre des finances (*comes sacrarum largitionum*) sous lequel ce papier avait été fait.

Il n'y avait pas de minute ; mais on pouvait tirer plusieurs copies de l'original. Ces copies s'appelaient *exempla* et étaient signées par le tabellion ; les extraits se nommaient *indices*.

Le notaire ne signait pas l'original. Jusqu'à Justinien, la signature des témoins ne fut pas exigée non plus. On se contentait de l'apposition de leur sceau.

Paul nous apprend dans ses Sentences, tit 25, § 6, qu'un senatus-consulte (*amplissimus ordo*) avait ordonné que les tablettes contenant les conventions fussent entourées d'un triple fil les traversant vers le milieu de la partie supérieure de la marge (*in summa marginis, ad mediam partem*), et rattaché au bois par un sceau de cire, afin, nous dit-il, que les tablettes extérieures attestent la foi due aux autres « *ut exte-* » *riores scripturæ fidem interiori servent.* »

Justinien régla avec beaucoup plus de détail les formalités de ces écritures; il consacra même soit à confirmer les anciens usages, soit à établir de nouvelles règles, trois constitutions qui forment les novelles 44, 47 et 73. — Dans une constitution qui forme la loi 17 au Code, *De probationibus*, il permet aux parties de renoncer à une convention projetée tant que l'acte n'aura pas été entièrement mis au net et signé.

Dans la novelle 44, il enjoint expressément aux tabellions d'être présents à l'expédition des actes et d'y mettre eux-mêmes la dernière formule (*completio*) afin de pouvoir témoigner devant le juge en cas de besoin. Cette disposition n'est pas imposée sous peine de nullité de l'acte, mais elle a sa sanction dans la destitution de l'officier : « *Si præter hæc aliquid ege-* » *rint, cadent omnino iis quæ vocantur stationibus.* »
— Au chapitre 2 de cette même novelle, il leur défend d'écrire leurs actes sur des feuilles dont le *protocollum* aurait été coupé.

Enfin la novelle 47, chapitre 1, exige qu'au commencement de tous les actes on inscrive préalablement le nom de l'Empereur, l'année de son règne, le nom du consul, la date des mois et jour où l'acte a été passé. La novelle 73, chapitre 8, exige la signature des témoins.

§ 2. *Scripturæ publicæ*.

Pour donner aux écrits un véritable caractère d'authenticité dans le dernier état du droit, il fallait, comme nous l'avons dit, les faire insinuer. Cette insinuation était faite en présence du magistrat, *quasi sub forma judicii* et consistait dans la remise des titres à un *actuarius* chargé de les conserver dans un dépôt public qu'on appelait archives (*archivum*). Le magistrat qui présidait à cet enregistrement était à Rome et à Constantinople le *magister census*, et dans les provinces, le *defensor civitatis*. Ainsi insinués, les actes devenaient à proprement parler des actes publics faisant foi par eux-mêmes. Le témoignage du gardien des archives était comme celui du notaire d'aujourd'hui, un *testimonium publicum*. La loi 10 au Digeste, *De probationibus* ajoute qu'il l'emportait sur les dépositions des témoins. « *Census et monumenta poliora testibus esse senatus censuit.* »

Il ne faudrait pas croire que cette insinuation fût la même en droit romain que sous notre ancienne jurisprudence et que la transcription moderne n'en est que la continuation. Les différences les plus profondes séparent ces institutions. D'abord l'insinuation romaine n'avait aucun caractère fiscal. De plus ce n'était pas la copie de l'acte qui était déposée, mais l'original lui-même. Le gardien avait le devoir de communiquer aux parties intéressées les pièces qui lui étaient remises et d'en délivrer des copies. Il est fort probable qu'il rédigeait un acte de dépôt.

Remarquons que l'insinuation suffisait à elle seule pour donner aux actes le caractère public, indépendamment de toute autre formalité. Il n'était pas nécessaire qu'ils eussent été rédigés par un tabellion ni signés par les témoins et les parties ; ce qui faisait dire à Zénon dans la loi 31 au Code, *De donationibus*, livre 8, tit. 54 : « *Superfium est privatum testimo-nium quum publica monumenta sufficiant.* » Il suffisait que les contractants ou la personne qui s'engageait affirmassent devant l'archiviste que l'acte déposé était bien l'expression de leur volonté. On soumettait particulièrement à cette formalité les actes de donation et les testaments.

Justinien, dans la Novelle 15, ch. 5, § 2, s'occupe de compléter cette institution et ordonne dans ce but la création d'archives dans les villes où il n'y en a pas encore.

CHAPITRE II.

DE LA FOI DUE AUX TITRES. — COMMENT ON CONTESTE LEUR VÉRACITÉ.

§ 1. *De la foi due aux actes publics.*

Nous venons de voir que les *scripturæ publicæ* faisaient pleine foi par eux-mêmes ; ils ne pouvaient être combattus ni par la preuve testimoniale ni par les actes privés.

Il n'en était pas même des autres actes publics, des *scripturæ forenses*. Ceux-ci, nous le savons, n'avaient pas beaucoup plus de force que les actes privés, bien qu'ils prévalussent contre eux en cas de concours. Le tabellion qui les avait rédigés et les témoins qui y avaient été présents devaient attester sous serment que les choses s'étaient réellement passées comme l'acte le constatait. Si même le tabellion n'ayant pas écrit de sa propre main s'était adjoint un scribe (*amanuensis*) et dans certains cas un *adnumerator* pour compter les espèces, ces deux acolytes devaient aussi déposer du même fait sous la foi du serment (Nov. 73, ch. 7, § 1).

Il n'y avait même que l'original seul qui eût quelque portée; une copie (*exemplum*) ou un extrait (*index*), n'auraient été d'aucun effet auprès du juge, qui avait le droit de suspecter leur origine. Cette règle s'appliquait même aux actions intentées par le fisc. De même Pomponius nous dit à la loi 1, § 7, au Digeste, *De bonorum possessionibus secundum tabulas*, (liv. 37, t. 9), qu'on ne peut demander la *bonorum possessio s. t.* en vertu d'une copie de testament. On le pourrait néanmoins si le testament avait été soumis à la formalité de l'insinuation.

Celui contre lequel un acte public était produit pouvait en contester l'authenticité; c'était alors à celui qui avait produit l'acte à en faire la preuve. Si celui qui contestait se refusait à reconnaître sa signature ou son écriture et que sa fraude fût reconnue en justice, il était puni de son mensonge par une amende de 24 sous d'or dont le montant revenait à l'autre partie, et de plus s'il se trouvait dans le cas d'opposer l'exception *non numeratæ pecuniæ*, il était déchu du droit d'en user. Cette seconde pénalité n'était appliquée que pour les actes passés devant un tabellion en présence de témoins, on ne l'étendait pas aux procès relatifs à des actes privés simples. C'est Constantin qui édita cette sanction, elle est consignée dans la loi 16 au Code, *De fide instrumentorum*. Elle fut modifiée sous Justinien par la Novelle 18, ch. 8, qui établit pour tous les cas sans distinction, une condamnation *in duplum*, toujours au profit de l'adversaire.

Les actes soit publics, soit privés ne pouvaient faire aucune foi à l'égard des tiers. C'était une application de la maxime : *res inter alios acta aliis neque nocet neque prodest*. Néanmoins on admettait que les énonciations contenues dans les actes publics pouvaient faire naître une certaine présomption en leur faveur.

Si l'on avait fait mention d'un acte public dans un autre acte public, la production du second ne pouvait servir à prouver le contenu du premier quand même celui-ci aurait été littéralement reproduit. Cette décision se trouve énoncée dans la Novelle 119, ch. 3, qui ne fait que rapporter des lois plus anciennes :
« *Hoc enim etiam in veteribus legibus invenitur.* »

Il est possible qu'un acte étant produit, l'adversaire lui oppose un acte diamétralement contraire, quel est dans ce cas le devoir du juge? En présence de cette contradiction faut-il dire que les actes se neutralisant doivent être considérés comme non avenus? On pourrait pour le décider ainsi invoquer un argument d'analogie tiré de la loi 30 au Digeste, *De testamen-*

taria tutela, l. 26, tit. 2 et du § 27, *De legatis* aux Instituts de Justinien. L'espèce prévue par ces textes est celle-ci : Une personne dans son testament nomme pour tuteur à ses enfants *Titius*; il se trouve que deux personnes, un père et son fils portent le nom de Titius et on ne peut savoir avec certitude lequel des deux le testateur a voulu désigner. Alors dans le doute, *neuter est tutor*, il n'y a pas lieu à la tutelle testamentaire. Mais cette décision est toute spéciale et tient à ce que le choix d'un tuteur doit être tout à fait certain, « *quia certo judicio debet quis pro tutela suæ « posteritati cavere.* » L'analogie n'existe donc pas, les raisons de décider ne sont pas les mêmes et le juge devra s'en rapporter aux circonstances pour former sa conviction. A défaut de circonstances particulières, il déférera le serment à l'une des deux parties conformément à loi 31, *De jurejurando*, au Digeste, l. 12, t. 2.

Au contraire, si la même partie produisait des titres différents dérogeant les uns aux autres, ces titres ne pouvaient constituer aucune preuve (Loi 14, au Code, *De fide instrumentorum*). Cette règle était commune aux actes privés et aux actes publics; mais elle ne s'appliquait pas en matière de testaments où le dernier était toujours regardé comme valable et où quand il y en avait deux portant la même date, on validait celui qui contenait le legs le plus faible.

Si un titre public avait été déchiré ou avait souffert des ratures, si le fil qui entourait les tablettes avait été rompu et plus généralement si l'acte avait subi des altérations pouvant faire croire qu'on avait voulu le détruire ou le modifier, il n'était pas par cela même regardé comme nul, mais il était suspect. Il fallait néanmoins qu'il pût encore être lu, et que la cancellation ou les ratures ne portassent pas sur les parties substantielles, car il est évident que si l'on ne pouvait en apercevoir le sens, l'écrit ne pouvait produire aucun effet. Modestin nous présente une application de ces règles à la loi du 24 au Digeste, *De probationibus*.

§ 2. — *Foi due aux actes privés.*

L'écrit privé faisait foi contre celui qui l'avait signé comme l'acte authentique, pourvu toutefois que la signature fût reconnue soit volontairement, soit judiciairement. Nous avons vu quelle était la peine édictée pour punir le mensonge en cette matière. Un acte écrit par la personne obligée, mais non signé par elle, ne pouvait lui être opposée efficacement, d'après ce principe que les actes privés pour être valables devaient porter la signature des parties.

Un acte privé pouvait même faire foi pour plusieurs obligations. Cette décision fut l'objet d'un rescrit de Dioclétien et de Maximien.

Il ne faisait foi en faveur de celui qui l'avait écrit ou de ses héritiers qu'autant qu'il était appuyé par d'autres adminicules (loi 5, au Code, *De probationibus*). Cette disposition reproduite dans plusieurs rescrits s'appliquait notamment aux comptes (*rationes*) qui étaient trouvés dans la succession d'un défunt (loi 6, au même titre), et à la note mise par un créancier sur le *chirographum* de son débiteur pour constater un nouvel engagement de celui-ci (Loi 31, au Digeste, *De probationibus*). Le fisc ne jouissait d'aucune immunité sur ce point, il était assimilé aux simples particuliers.

Il n'y avait pas non plus d'exception pour la mention qui se trouvait insérée dans un testament. Cependant si le testateur avait affirmé sous serment la consistance de ses biens (*mensuram substantiæ suæ*), il était défendu à ses héritiers d'élever à ce sujet aucune contestation entre eux sous peine de perdre tout droit à l'hérédité; mais bien entendu, la déclaration du testateur ne pouvait nuire en rien à ses créanciers qui conservaient le droit de la combattre par tous les moyens possibles (Nov. 48, ch. 1).

La raison générale de toutes ces décisions était que le législateur n'avait pas voulu que chacun pût se constituer un titre à lui-même : « *Exemplo per-* » *niciosum est, ut ei scripturæ credatur qua unusquis-* » *que sibi adnotatione propria debitorem constituit.* » (Loi 7 au Code *de probationibus*).

§ 3. — *De la contestation sur la vérité du titre.*

Tant que la sincérité d'un acte authentique n'était pas révoquée en doute, il passait pour vrai; mais on pouvait faire tomber cette présomption même par la preuve testimoniale. La marche la plus ordinaire à suivre consistait à se présenter devant le préteur ou le président de la province et d'inscrire sur des registres à ce destinés, son nom, celui de l'accusé et les circonstances du crime qu'on voulait prouver. Cette inscription avait pour effet de rendre l'accusateur passible de la peine du talion dans le cas où les assertions n'auraient pas été justifiées. Mais la nécessité de l'inscription fut supprimée en matière de faux.

Quand l'accusation était reconnue fondée, lorsque les témoins instrumentaires venaient déclarer ou que l'acte était faux ou qu'il ne contenait pas le nom des parties contractantes ou qu'eux-mêmes n'avaient pas été présents à la confection, ou bien encore s'ils déniaient leurs signatures, l'acte incriminé perdait toute son autorité. Mais combien fallait-il de dépositions de témoins pour arriver à ce résultat ? Il en fallait au moins deux, faites par deux des témoins nécessaires à l'acte ; la dénégation d'un seul d'entre eux ou les dépositions des témoins étrangers à la confection de l'acte ne faisaient que le rendre suspect. La loi 1 au Digeste, *Testamenta quemad. aper.*, nous prouve qu'il en était de même pour les testaments que pour les autres actes.

Si l'on n'avait pour contester la vérité d'un acte que des dépositions de témoins qui n'avaient pas été présents à sa confection, il fallait nécessairement pour arriver à obtenir gain de cause que le nombre des déposants surpassât celui des témoins instrumentaires et du tabellion réunis.

Si les témoins affirmaient que celui qui voulait se prévaloir de l'acte attaqué avait autrefois protesté devant un magistrat qu'il n'en aurait jamais usé, à cause du doute qui s'était élevé sur sa validité, l'adversaire n'avait plus rien à craindre et le titre était non avenu. C'est ce que nous apprend la loi 2 au Code, *De fide instrumentorum*.

Il pouvait se faire que le tabellion seul reconnût qu'il avait inséré dans l'acte des choses fausses. Cet aveu ne suffisait pas pourtant pour enlever à l'acte son autorité; la présomption de vérité résultant du caractère public dont il était revêtu restait encore quoique ébranlée, car en réalité une pareille déposition émanant d'un homme qui ne reculait pas devant la manifestation de sa propre honte ne méritait pas beaucoup de confiance. C'était une conséquence de l'ancien principe : « *Nemo auditur propriam « suam turpitudinem allegans.* »

De ce qu'un titre était reconnu faux dans quelques-unes de ses dispositions, il ne s'en suivait pas que les autres clauses dussent perdre toute créance. Au contraire, tant que la fausseté ne portait pas sur des formalités essentielles comme l'indication de la date ou le nom du consul, la sentence relative à une partie seulement du titre n'avait aucun effet sur l'autre (Loi 42, *De transactionibus* au Code, liv. 2, t. 4). Supposons un *chirographum* constatant que Titius a donné à Mævius cent écus d'or, et que Sempronius est intervenu comme fidéjusseur pour garantir le remboursement. Il est prouvé que Sempronius n'est jamais intervenu, le titre est donc faux sur ce point mais le *mutuum* n'en reste pas moins établi par la signature du débiteur.

La sentence par laquelle un titre était reconnu faux n'était pas opposable non plus à d'autres qu'à celui contre qui elle avait été rendue. C'est pour cela que dans la loi 2 au Code, *De fide instrumentorum*, Alexandre Sévère nous dit : « Si vous vous servez d'un titre qui a déjà été reconnu comme faux entre les mains d'un autre... cela ne peut vous préjudicier, car n'étant point partie au premier procès, vous n'aviez pas à en appeler. » L'adversaire devrait donc recommencer le procès et faire juger une seconde fois la fausseté du titre.

Un acte produit déjà dans le litige et reconnu comme vrai par le juge pouvait encore néanmoins malgré cette épreuve, cette sorte de consécration, être argué de faux, pourvu toutefois que la personne prête à intenter l'action affirmât par serment qu'elle n'agissait pas par esprit de chicane, *de calumnia*. Alors celui qui avait déjà produit le titre était tenu de le produire une seconde fois ou de jurer qu'il avait cessé de le posséder *sine dolo*.

A défaut de cette production ou de ce serment, le titre était réputé faux. Toutefois la peine de faux n'était pas encourue dans le cas de refus de serment, car ce refus pouvait tenir à un scrupule de délicatesse (*subtilis reverentia*), assez souvent respectable (Loi 22 *in fine* au Code, à notre titre). Cette action pouvait être intentée par la voie civile ou par la voie criminelle, au choix du poursuivant.

Quand un titre était argué de faux, celui qui l'avait produit devait commencer par en établir la sincérité. Cela fait, on n'attendait pas en général que l'adversaire eût de son côté prouvé la vérité de son accusation; l'exécution de l'acte était concédée provisoirement sans préjudice de l'action en faux qui pouvait être librement poursuivie Cela est décidé en particulier par Alexandre Sévère à la loi 2 au Code de notre titre pour les dettes de sommes d'argent. Cette loi ne permet au débiteur de retarder ainsi le payement dans le seul but de préjudicier au créancier.

Un autre moyen fréquemment employé pour faire tomber la foi d'un titre, c'était d'établir la fausseté de sa date. Mais quand un créancier et un débiteur s'étaient entendus pour antidater un acte contenant une obligation, il n'y avait pas lieu entre eux à l'action de faux, car ils avaient tous les deux consenti à cette feinte et le débiteur avait eu en cela plus de tort que le créancier.

Nous voyons aux Instituts que la peine infligée en cas de faux était pour les esclaves le dernier supplice et pour les hommes libres la déportation. Cette pénalité fut édictée par Cornélius Sylla dans une loi qui a conservé son nom. C'est la loi Cornélia, *De falsis* qu'on nomme aussi *testamentaria* et que Cicéron nomme quelque part *testamentaria, nummaria*, parce qu'elle s'appliquait en particulier aux faux en matière de monnaie. (Il est même à remarquer que les faux monnayeurs jouissant d'une condition libre étaient livrés aux bêtes au lieu d'être déportés.) Son nom nous dit assez qu'elle était surtout relative aux faux commis en matière de testaments mais en réalité ses dispositions étaient générales, elles frappaient tous ceux qui auraient écrit, scellé, lu ou représenté un acte faux et ceux qui auraient sciemment gravé ou apposé un faux cachet.

CHAPITRE III.

DE LA COMPARAISON DES ÉCRITURES.

La comparaison des écritures était le seul moyen qui restait aux parties pour prouver l'authenticité d'un acte quand ceux qui avaient concouru à sa rédaction ne pouvaient venir le reconnaître. Elle était soumise à des conditions assez rigoureuses par suite des fraudes auxquelles elle pouvait donner lieu. Aussi elle n'était pas admise pour prouver la validité d'un acte privé écrit sans le concours de trois témoins. Il ne pouvait en être question que pour les titres publics au *quasi publice confecta*.

Le premier mode de preuve à employer pour établir l'authenticité consistait à recourir au témoignage du tabellion qui avait rédigé l'acte. Celui-ci faisait sa déclaration après avoir prêté serment.

Si l'acte incriminé avait été écrit en présence du tabellion par un scribe et avec l'intervention d'un *adnumerator*, ces personnes devaient être appelées toutes les trois à déposer. Si le tabellion était mort ou absent, le témoignage des deux autres suffisait et l'on procédait à la vérification de la signature du notaire en présence des témoins; si le tabellion seul se présentait, les autres étant empêchés, son seul témoignage appuyé de son serment donnait assez de garantie pour qu'il n'y eût pas encore lieu à la comparation d'écritures.

S'il n'y avait eu ni scribe ni *adnumerator* et que le

tabellion fût décédé, on procédait à la vérification de l'écriture de ce dernier et en même temps à celle de la signature des témoins et des parties contractantes, « *ut ex plurimis comparationibus una quædam colli-* » *gatur undique et efficiatur fides.* »

Ce n'était qu'à défaut de tout autre moyen et comme ressource extrême que la comparaison des écritures était admise.

Dès le début de l'instance un serment était exigé des parties, par lequel elles affirmaient *quod neque lucri causa, neque inimicitiis neque gratia tenti, hujusmodi faciant comparationem,* ou dans une autre formule *quia non aliam idoneam habens fidem ad collationem instrumentorum venit, nec quicquam circa eam egit aut machinatus est quod possit forte veritatem abscondere* (Nov. 73 — loi 20 au Code, à notre titre). Alors celui qui devait faire la preuve produisait devant le magistrat les pièces destinées à servir de terme de comparaison. On n'admettait dans ce but que les *scripturæ forenses* et les actes privés revêtus de trois signatures dont deux au moins étaient reconnues. La loi 20 au Code de notre titre défendait strictement d'employer les écritures produites par l'adversaire comme souscrites par celui dont il s'agissait de reconnaître l'écriture, mais dans sa Novelle 49, ch. 2, Justinien réforma cette disposition et donna avec raison la décision contraire : *Cui enim ipse* (le « demandeur) *credidit et quod protulit is contra quem* » *ex quo suas affirmat allegationes, hoc non accuset.* » Dans cette hypothèse les simples écritures privées pouvaient être utilisées.

Par la même novelle il décida que les actes publics

déposés aux archives pourraient servir comme pièces de comparaison au même titre que les actes écrits par les tabellions ou seulement en présence de témoins. Il finit même par abolir l'usage du serment préalable dont nous avons parlé tout à l'heure.

CHAPITRE VI.

DE LA PRODUCTION ET DE LA PERTE DES TITRES.

---

§ 1. — *De la production des titres.*

En principe, c'est au demandeur à fournir des titres à l'appui de ce qu'il avance. Il doit administrer lui-même la preuve avec les documents qu'il peut avoir entre les mains, sous peine d'être renvoyé des fins de la plainte. « *Qui accusare volunt, probationes habere debent,* » dit la loi 4 au Code, *De edendo*, liv. II, tit. 1). C'est une application de la grande règle que la charge de la preuve incombe à celui qui intente le procès.

Un autre principe bien connu, c'est que ni l'une ni l'autre des parties ne peut être forcée de produire des écrits qui lui seraient nuisibles. *Nemo cogitur edere contra se.* Il en résultait que le défendeur n'était pas tenu de fournir des preuves contre lui. Dioclétien et Maximien le décident formellement en ce qui concerne le témoignage oral à la loi 7 au Code, *De testibus*, liv. IV, tit. 20, et cette décision s'étend sans aucun doute au témoignage écrit.

Toutefois cette dernière règle souffre des exceptions qu'il est important de mentionner : les titres emportant des obligations réciproques comme les titres de vente (*emptio venditio*) ou de louage (*locatio conductio*) ne pouvaient jamais être refusés par celui qui les détenait. Il en était de même pour les livres des marchands qui constataient l'*acceptum* et l'*expensum*. De plus, si quelqu'un était actionné par le fisc et ne pouvait par suite de la perte de ses quittances antérieures établir la quotité de sa dette, il pouvait exiger qu'on lui présentât les registres fiscaux (Loi 4 au Code, *De fide instrumentorum*). Enfin la loi 1 au Code, *De edendo*, décidait que le juge pourrait forcer le défendeur à exhiber ses livres au cas où une personne réclamerait un dépôt confié. La loi 2 du même titre semble même donner au juge un pouvoir discrétionnaire pour exiger la production de tous les actes publics qui pourraient servir à la découverte de la vérité; mais il ne faut pas en exagérer la portée, autrement elle détruirait la règle que nous avons posée; il vaut mieux croire qu'elle a en vue des titres appartenant à des tiers étrangers au procès.

Un acte déjà produit une fois peut être aussi demandé de nouveau par la partie adverse qui prétendrait l'arguer de faux. Le titulaire ne peut se refuser à cette demande à moins qu'il n'affirme par serment qu'il l'a perdu sans sa faute. Une partie ne pourrait pas non plus retirer une pièce quelconque déjà produite, dans la crainte que son adversaire ne la rétorquât contre elle, car toutes les pièces sont devenues pour ainsi dire communes aux deux plaideurs par suite de leur production.

Mais si l'on ne peut user pour appuyer sa prétention des titres qui appartiennent à l'adversaire, rien n'empêche d'employer ceux qui sont entre les mains de tiers étrangers au procès. De même que ces tiers ne peuvent se refuser à venir déposer oralement devant le juge quand ils en sont requis, de même aussi ils sont astreints à fournir les documents dont ils sont détenteurs et qui sont présumés propres à jeter de la lumière sur le débat. Le fisc est sur ce point soumis à la règle commune. Les tiers auxquels on recourt le plus souvent dans ces circonstances sont les *argentarii*, les tabellions ou leurs héritiers.

Hâtons-nous d'ajouter que cette règle doit se combiner avec celle que nous énoncions plus haut, à savoir que personne n'est tenu de produire des titres contre lui-même. Il serait donc permis de refuser la communication s'il devait en résulter quelque préjudice pour celui qui la ferait. Dans ce cas, le tiers devra jurer qu'il n'en a pas ou qu'il ne peut les révéler sans danger pour lui. « *Quod existimando se fidei suæ
» detrimentum pati propter instrumenti exhibitionem,
» eam ipsam ob causam proferre chartam recuset;* » il devra même ajouter : « *Se non quia pecuniam accepe-
» rit vel quid aliud non proferendæ chartæ causa, vel
» quod numeris promissionem habeat, nec metu illius
» contra quem instrumentum requiratur, nec ejusdem
» amore chartæ exhibitionem recusare sed quia mag-
» num ex eo circa facultates suas detrimentum
» capiet.* » S'il refuse simplement de le montrer et

de prêter le serment, il devra supporter tout le dommage éprouvé par celui qui avait besoin du titre. S'il se rend à la sommation qui lui est faite, tous les frais restent à la charge de celui qui a réclamé la production. Il ne peut d'ailleurs être contraint à exhiber son titre qu'une seule fois ; pour échapper à une seconde demande, il lui suffira de jurer « *Chartam perdidisse vel alioquin non habere facultatem ejus exhibendi* » (Loi 22 au Code, *de fide instrumentorum*).

Par exception, on était dispensé de produire les titres qui pouvaient nuire à certaines personnes unies par des liens de parenté ou de patronage. Ces personnes sont précisément celles contre lesquelles on n'était pas forcé non plus de porter témoignage. Cette exception ne semble être à vrai dire qu'une extension fort rationelle de la règle: *Nemo cogitur edere contra se* (Lois 4, 5, 7, 8 et 9 au Dig.; Loi 6 au Code, *De testibus*).

Régulièrement, c'est devant le juge *apud quem res agitur* que les titres doivent être produits. Le demandeur doit même produire les siens avant la *litis contestatio*, mais il n'est pas obligé de les désigner à son adversaire avant le procès. Le défendeur fait connaître les siens selon les besoins de la cause. Toutefois quand le fisc est demandeur, il jouit du privilége de pouvoir forcer son adversaire à faire connaître les titres au moyen desquels il a l'intention de se défendre (Loi 2 au Dig., *De jurfisci*, loi 49, tit. 14). Dans tous les cas on n'est tenu de communiquer que la partie du titre ou des livres qui a trait à la question en litige et sur laquelle on veut s'appuyer (Lois 3 et 10, § 2, au Dig., *De edendo*, liv. 2, tit. 13).

Remarquons en terminant que si la production des titres, surtout celle de ceux qui appartiennent à des tiers était difficile à cause de la distance ou les exposait à être perdus, la loi 18 au Code *De fide instrumentorum*, permettait de renvoyer devant le juge du lieu pour les examiner. Il y avait alors une sorte de commission rogatoire et un rapport était envoyé au premier juge, car une affaire commencée devant un juge devait être terminée devant lui ou devant son successeur (Loi 20 au Dig., *De judicis*, liv. 5, tit. 1).

§ 2. — *De la perte des titres.*

Il ne nous reste plus pour terminer notre sujet qu'à donner la règle relative au cas de perte des actes. Comme en principe on n'exige pas la confection d'un écrit pour la validité des contrats, mais que l'acte dressé sert seulement à les prouver d'une façon plus sûre et plus facile, il s'en suit que la perte de ces actes ne peut aucunement nuire à celui qui voulait s'en prévaloir, pourvu qu'il prouve autrement, *manifestis probationibus*, la convention intervenue. Mais comme il y a aussi des contrats où la rédaction d'un écrit est rigoureusement exigée, il faut dans ce cas pour suppléer au titre perdu, prouver non plus seulement le contenu de ce titre, mais en outre sa perte.

Plusieurs constitutions font l'application de ce principe à la preuve de la propriété (Lois 8 et 10 au Code, *De fide instrumentorum*), d'une créance (Loi 1 au même titre), de l'affranchissement (Loi 25 au Code, *De liberali causa*, liv. 7, tit. 16), de l'émancipation (Loi 11 au Code, *De fide instrumentorum*) et du congé donnant droit au privilége des vétérans (loi 7 au même titre). C'est ainsi qu'on pouvait encore prouver par témoins la part assignée à un enfant dans un partage d'ascendant quand l'acte de partage était perdu. C'est ainsi encore que Justinien dans une constitution qui forme la loi 17 au Code, *De Testibus*, liv. 4, tit. 20, permet aux débiteurs de prouver les cas de force majeure qui leur ont fait perdre leurs quittances.

Le débiteur ne pourrait donc pas refuser de payer sous prétexte que son billet est perdu et ne peut lui être rendu, l'obligation elle-même n'étant pas contestée. Le créancier l'y amènerait forcément en lui offrant de lui donner une quittance, car il résulte d'une constitution de Maximien et Dioclétien que la quittance prouve le payement d'une façon encore plus évidente que la remise du *chirographum* au débiteur (Loi 14, *De solutionibus*, liv. 8, tit. 43; loi 2, *De condictione ex lege*, liv. 4, tit. 9, au Code).

DEUXIÈME PARTIE.

ANCIEN DROIT FRANÇAIS.

Nous nous attacherons uniquement dans ce chapitre à rechercher quel fut, pendant cette longue période qui sépare le droit romain de notre droit moderne, le caractère général des actes écrits et le rôle qu'ils jouèrent dans la preuve. Nous laisserons de côté les innovations peu importantes qui se firent jour un moment pour disparaître ensuite sans laisser de traces. Nous ne nous arrêterons pas non plus aux dispositions qui ont passé sans changement notable dans notre législation, leur tour viendra quand nous aurons à traiter des dispositions analogues de notre Code civil ; et si alors il se trouve que quelques nuances les séparent, il sera plus facile, par suite même de ce rapprochement, de les remarquer et de les comprendre. Les détails caractéristiques et les points de vue généraux occuperont seuls notre attention.

Nous n'avons aucun document positif qui nous apprenne ce que devint la preuve littérale pendant la période qui suivit immédiatement la chute de l'Empire romain. Mais on peut avec raison supposer que, tandis qu'en Orient les règles de Justinien continuèrent à être observées, il dut régner dans l'Occident une grande confusion par suite des nouvelles habitudes importées par les barbares. Ceux-ci étaient trop ignorants pour que la preuve littérale pût être en usage parmi eux : le témoignage oral, le serment, le combat, tels étaient les moyens qu'ils avaient pour vider les contestations. Les Gallo-Romains restèrent fidèles aux anciennes règles que leur avaient données la civilisation et la science du droit. De sorte qu'après un moment de désordre et de mélange confus, il est probable que la division s'opéra entre les populations d'origine diverse, chacune conservant sa loi primitive, l'influence germaine se faisant surtout sentir dans le nord, celle des Romains dans le midi.

Sous l'époque féodale et coutumière, il s'établit une règle uniforme pour tous, où l'influence romaine prévalait. On distinguait alors, comme dans le Bas-Empire, les écrits publics et les écrits privés; c'étaient les *notitiæ publicæ* et les *notitiæ privatæ*.

Les *notitiæ publicæ* désignaient principalement les actes rédigés en présence du juge ou de l'évêque.

Nos anciens auteurs rapportent que dans le principe, quand on voulait passer un acte de ce genre, il était d'usage de l'écrire sur deux feuilles de parchemin de même dimension, parfaitement semblables dans toutes leurs parties, qui étaient appelées pour cette raison *chartæ pariculæ* ou *pariclæ*. On en remettait un exemplaire à chacune des parties contractantes, ou on les déposait soit dans les registres judiciaires, soit entre les feuilles de la bible paroissiale. Mais, comme ce procédé laissait trop de prise à la mauvaise foi, on imagina par la suite un système fort ingénieux, qui subsista en France jusqu'au xvie siècle, et que les Anglais conservent encore de nos jours pour les contrats synallagmatiques. Ce système consistait à diviser une grande feuille de parchemin en autant de colonnes qu'il y avait de parties contractantes et à écrire dans chacune d'elles la teneur tout entière de l'acte en ayant soin de les séparer toutes par un certain espace blanc. On remplissait alors cet intervalle avec des signes quelconques, des lettres de l'alphabet ou un verset de la Bible, et on coupait la feuille entre chaque colonne de manière à tracer à travers les jambages des signes intermédiaires une ligne irrégulière ; chaque partie prenant une colonne, et plus tard leur rapprochement, en cas de contestation, en justifiait la sincérité. C'était, comme on le voit, un moyen de contrôle assez semblable à celui de nos livres à souches et à l'usage des tailles que nous avons conservé.

On considérait aussi comme *notitiæ publicæ* les écrits privés de quelque nature qu'ils fussent, lettres, reconnaissances ou billets qui avaient été insinués dans les registres publics.

Les écrits privés proprement dits ou *notitiæ privatæ* étaient ceux que les particuliers dressaient en présence de témoins. Ils avaient toujours besoin, pour faire foi, d'être reconnus.

Quant aux écrits rédigés en présence du tabellion, on n'en trouve guère avant le xie siècle, et ils rentrent dans la classe des actes privés, ce tabellion n'étant considéré que comme un témoin ordinaire jouissant seulement d'un peu plus de crédit.

Mais une nouvelle classe d'actes publics ne tarda pas à s'introduire dans la pratique en même temps que se créait lentement, mais progressivement, l'institution du notariat, institution dont nous aurons plus tard à étudier la forme dernière, et dont nous devons dès à présent chercher à démêler les origines.

Quand les parties venaient devant le juge ou devant l'évêque pour arranger leurs conventions, leurs actes étaient rédigés au nom du fonctionnaire laïque ou ecclésiastique par des scribes ou greffiers déjà connus sous le nom de *notarii*. Peu à peu l'usage s'introduisit parmi ces derniers de constater par écrit les clauses et conditions des contrats privés, même en dehors du concours de leur supérieur; mais celui-ci était toujours censé y présider et son nom était mis en tête des actes (Loyseau, *Traité des offices*, liv. II, chap. 5, §50 et suiv.). Le notariat n'était alors comme on le voit qu'une dépendance du pouvoir judiciaire. Les actes écrits sous cette forme avaient à peu près la même force que les jugements; comme eux ils avaient le privilége d'être exécutoires de plein droit et d'emporter hypothèque dans tous les cas. Ce dernier caractère leur resta même après que le notariat eut cessé d'être une émanation de la justice, mais il ne passa pas dans notre droit.

Tandis que les greffiers des tribunaux se transformaient ainsi en notaires, les anciens tabellions subsistaient toujours. Charlemagne les avait dans ses capitulaires organisés pour en faire un corps de fonctionnaires publics agissant au nom du roi. Le premier il les avait investis, sous le nom de *judices chartularii*, du pouvoir d'imprimer à leurs actes le caractère de l'autorité publique. En 803 il avait chargé ses envoyés d'en créer dans les lieux du royaume qui en étaient dépourvus, et en 805 il avait exigé que les évêques, les abbés et les comtes en attachassent un à leur personne. Mais ces ordonnances produisirent un effet de courte durée, car les successeurs du grand empereur abandonnèrent ses projets.

Sous saint Louis, une seconde tentative d'organisation se produisit, mais restreinte à la juridiction de Paris, car le reste du pays était presque indépendant. Soixante notaires furent créés en titre d'office. Ceux-ci eurent leurs bureaux au Châtelet ; c'est là qu'ils instrumentaient comme autrefois les notaires romains sur le *forum*, au nom et sous la surveillance du prévôt de Paris. Plusieurs des priviléges des notaires de Paris que nous aurons à mentionner par la suite remontent à cette époque.

Notons en passant un détail particulier que Beaumanoir nous donne sur la procédure de cette époque. Une fois qu'un genre de preuve était adopté par un plaideur, celui-ci ne pouvait plus se servir d'aucun autre. L'auteur applique cela en particulier à la preuve littérale : « Si est par lettre, si comme quand aucun
» s'est obligé par lettre, et cil qui si obligea, nie l'obli-
» gation, il ne le convient prouver fors par lettres. »

Le roi ayant ainsi ses notaires, qu'on appelait *notaires royaux*, le tabellionage tendit à devenir une institution municipale, ainsi que cela résulte de quelques anciens monuments. De plus il finit par se dédoubler pour ainsi dire en deux fonctions qui restèrent incompatibles (sauf à Paris) jusqu'à Henri IV et dont l'une conserva le nom de tabellionage tandis que l'autre fut exercée par des officiers aussi appelés notaires.

Cette transformation eut lieu par un empiétement des clercs des tabellions sur les droits de leurs patrons. Loyseau nous l'explique très-naïvement au même chapitre du traité des offices que nous avons déjà cité : « Finalement, » dit-il, « et comme il arrive en toutes » conditions que ceux qui font la besogne s'accrois- » sent et s'augmentent toujours, même supplantent » enfin leurs maîtres qui sont négligents, ces clercs » qui avoient vécu sous leurs maîtres comme do- » mestiques, voyant que leurs charges méritoient » bien d'être continuées après qu'ils étoient mariés » et séparés de demeure d'avec leurs maîtres, se fai- » soient par eux commettre et substituer tant en pré- » sence qu'absence. » Ces clercs obtinrent donc le privilége de diriger seuls la minute des actes ; les tabellions conservèrent le droit exclusif de faire la grosse. François Iᵉʳ, dans un édit de 1542, reconnut officiellement cette division. Toutefois les notaires de Paris institués sous saint Louis cumulèrent toujours les deux fonctions.

Déjà avant cette époque plusieurs rois s'étaient efforcés de faire cesser la fâcheuse confusion qui existait entre les fonctions de greffier et celles de notaire, mais leurs efforts avaient échoué. C'est Charles VIII qui réussit à opérer la séparation en défendant par son édit de 1884 aux juges, lieutenants et greffiers de recevoir à l'avenir aucun contrat volontaire.

Tandis que cette complication disparaissait, il y en avait d'autres qui prenaient naissance avec l'institution des offices de *gardes-scels* et de *gardes-notes*.

Dans le principe on se contentait pour les actes publics comme pour les actes privés de l'apposition d'un sceau ou cachet au lieu de la signature. Les personnes qui n'avaient ni armes ni cachet se servaient de l'intermédiaire d'un tabellion ou d'un greffier. Pendant longtemps le sceau qu'on apposait ainsi sur les actes des tiers varia avec chaque juge; mais Philippe le Long ayant déclaré par son ordonnance de 1319 que les sceaux et écritures (*scribatus*) étaient de son propre domaine, le sceau des armes de France réservé jusque-là aux actes émanés du roi, servit également pour imprimer le caractère public aux sentences des juges et aux contrats des particuliers. C'est pour tenir ces sceaux que Charles IX, par un édit de 1568, créa les gardes-scels ; ceux-ci percevaient un certain droit à chaque apposition.

Parlons maintenant des gardes-notes. Philippe le Bel, par une ordonnance de 1304, avait exigé que les notaires transcrivissent sur des registres ou protocoles tenus à cet effet tous les actes passés devant eux. Cette obligation fut étendue par Charles VII aux notaires de Paris, qui jusque-là avaient continué, selon l'ancienne pratique, à délivrer aux parties les cédules ou *briefs* de leurs actes. François Ier confirma ces dispositions dans l'ordonnance de Villers-Cotterets, et dans la suite, en 1723, une ordonnance du roi désigna limitativement les actes qui pourraient encore être délivrés en brevet.

C'est pour conserver les minutes et les registres des notaires qui avaient cessé leurs fonctions, que les gardes-notes furent institués en 1575 par un édit de Henri III. Ces officiers eurent en même temps la mission d'en délivrer aux parties des expéditions, comme le faisaient avant eux les greffiers.

C'est à Henri IV qu'il était réservé d'établir l'uniformité dans toute la France, à l'égard de l'institution du notariat. Par son édit de 1597, il créa des offices de *notaires-tabellions-gardes-notes* et déclara qu'ils feraient tous à l'avenir partie de son domaine et seraient héréditaires. C'est ainsi que fut constituée l'hérédité et par suite la vénalité de ces offices. Le nom de *notaire* resta seul, sauf dans certaines localités rurales où celui de tabellion continua à subsister.

Louis XIV compléta ce qu'avait fait son devancier en supprimant par un édit de 1706 les offices de garde-scels. Il décida que chaque notaire aurait un sceau aux armes du roi, qu'il apposerait lui-même sur les actes qu'il recevrait.

Tous les actes notariés étaient soumis à la formalité du *contrôle* par l'ordonnance de 1581. Les contrôleurs constataient la date des actes et prélevaient une certaine taxe. Cette mesure fut ensuite étendue aux actes sous seing privé.

Les notaires de Paris avaient acheté le privilége de l'affranchissement du contrôle, et ils en jouirent jusqu'à la révolution de 1789. Ils étaient aussi dispensés de la *légalisation*. Cette légalisation était une attestation donnée par le juge du lieu où l'acte avait été passé, que la signature de l'officier public était véritable. Il ne faut pas la confondre avec le *pareatis*, formalité relative à la force exécutoire qui était remplie par la chancellerie du parlement ou par la chancellerie royale, quand l'exécution avait lieu hors du ressort du parlement où l'acte avait été passé.

A toutes les époques, les notaires furent soumis à des règles de compétence territoriale dont ils ne pouvaient se départir. Les notaires de Paris eurent d'abord seuls le droit d'instrumenter dans toute la France. La même prérogative fut ensuite concédée aux notaires d'Orléans et de Montpellier. Les autres ne pouvaient instrumenter que conformément à la division établie entre les notaires royaux, seigneuriaux et apostoliques. Nous n'avons pas le temps d'entrer dans le détail des attributions de ces trois classes de notaires ; nous dirons seulement que les premiers étaient nommés par le roi, les seconds par le seigneur justicier, les autres par l'autorité ecclésiastique. Ces derniers s'occupaient spécialement des actes qui concernaient le clergé.

Jusqu'à François 1er ils durent écrire de leurs propres mains les actes dont ils étaient chargés. A partir de ce prince et sans doute à cause du nombre croissant des affaires, cette règle rigoureuse fut levée.

Nous avons déjà dit que pendant longtemps, dans les actes publics comme dans les actes privés, l'usage des sceaux avait remplacé la signature. Cela avait lieu non-seulement pour les parties, mais aussi pour le notaire. Mais les ordonnances d'Orléans (1560) et de Blois (1570) enjoignirent aux notaires de faire signer leurs actes aux parties contractantes et de les signer eux-mêmes. Quant aux actes privés, Dumoulin admet encore (Comm. sur la Cout. de Paris, tit. des fiefs, § 8, nos 13 et 14) que le sceau peut valoir sans signature pourvu qu'il soit constant qu'il a bien été apposé par celui qui s'engage. La nécessité absolue de la signature pour les parties comme pour les témoins, paraît n'avoir prévalu que dans le siècle suivant. Toutefois les sceaux des grands seigneurs suffirent toujours pour donner l'authenticité ; de même et à plus forte raison celui du roi. Quand une personne ne savait pas signer, elle remplaçait son nom par une croix qu'on vérifiait en justice comme une écriture ordinaire. Cet usage, qui n'est pas encore complétement perdu, remonte au temps de Justinien.

Nous trouvons dans l'ancien droit tous les éléments de preuve littérale que nous possédons aujourd'hui, écritures publiques ou privées, signées ou non signées. Dumoulin, Pothier et d'autres auteurs nous ont laissé sur chacune de ces écritures des détails que nous ne pouvons rappeler sous peine d'entrer dans de trop longs développements. Nous en traiterons seulement d'une manière incidente dans notre dernière partie.

Remarquons seulement que, malgré toutes ces ordonnances qui successivement avaient pris soin de régulariser l'institution des officiers destinés à recevoir les conventions, malgré les facilités fournies aux particuliers pour se procurer par eux-mêmes des preuves par écrit, la preuve testimoniale était toujours beaucoup plus en faveur que la preuve littérale. « Papiers et parchemins souffrent tout. Témoins passent lettres » étaient tout à la fois des dictons populaires et des axiomes de droit. Loysel rapporte cependant un proverbe d'un esprit tout contraire et qui prouve qu'on avait bien aussi quelque défiance des témoins : « Fol
» est qui se met en enquête, » dit-il dans ses Instituts,
» car le plus souvent qui mieux abreuve, mieux
» preuve. »

En réalité la manière dont on employait la preuve testimoniale était un véritable abus. Il fallait que

l'ordonnance de Moulins en 1566, vint apporter en cette matière une réforme radicale en rendant moins fréquente la preuve par témoins et en faisant prévaloir la preuve écrite. Voici le texte de l'art. 54 de cette ordonnance : « Avons ordonné et ordonnons que
» doresnavant de toutes sommes excédant la somme
» ou valeur de 100 livres pour une fois payer, seront
» passez contrats par-devant notaires et témoins, par
» lesquels contrats seulement sera faite et reçue toute
» preuve ès dites matières, sans recevoir aucune
» preuve par témoins outre le contenu au contrat, ne
» sur ce qui serait allégué avoir été dit ou convenu
» avant icelui lors et depuis. En quoi n'entendons
» exclure les preuves des conventions particulières
» et autres qui seroient faites par les parties sans leurs
» seings, sceaux et écritures privées. » Les auteurs du temps nous représentent cette loi comme ayant été de prime-abord très-impopulaire. « *Plerisque visa* » *est dura et odiosa et juri contraria,* » disent-ils, dure surtout pour ceux qui ne sachant pas écrire étaient obligés de payer les frais d'un écrit, bien que souvent ils fussent aussi pauvres qu'ignorants. Quoi qu'il en soit, la loi passa dans les mœurs, fut complétée et confirmée par l'ordonnance de 1667 sur la réforme de la justice, et elle se trouve actuellement insérée dans le Code civil.

Notons, avant de finir, la loi des 29 septembre et 6 octobre 1791 qui réunit toutes les classes de notaires en une seule sous le nom de notaires publics, supprima l'hérédité et la vénalité des charges et décida que les places de notaires seraient données au concours.

Cette loi, qui ne fut jamais complétement exécutée,

fut remplacée par la loi du 25 ventôse an XI qui nous régit aujourd'hui et dont nous aurons tout à l'heure à étudier certaines dispositions.

TROISIÈME PARTIE.

CODE NAPOLÉON.
ART. 1315-1361.

Aujourd'hui ce n'est plus la preuve testimoniale qui a la prééminence dans les contestations judiciaires. Le premier rang appartient avec raison à la preuve littérale, aussi bien pour l'autorité dont elle jouit que pour la fréquence de son emploi. Ce revirement dans les habitudes des juges et des parties s'explique par plusieurs causes : la diffusion de l'instruction permet à un plus grand nombre de particuliers de se faire à eux-mêmes des documents qui constatent d'une manière stable leurs opérations et en perpétuent la mémoire dans l'avenir; ceux-ci trouvent dans les habitudes de la pratique de grandes facilités pour donner à leurs titres l'authenticité sans recourir au ministère de la justice ou aux formalités onéreuses de l'insinuation; de plus l'ordonnance de Moulins, en imposant pour des cas très-nombreux l'usage de la preuve littérale, l'avait fait ainsi entrer peu à peu dans les mœurs générales; enfin, par suite de la complication des rapports sociaux et de la multiplicité des négociations, chacun reconnut qu'il ne pouvait y avoir pour les contrats civils de preuve préférable à celle qui, en évitant les nombreux inconvénients des enquêtes, échappait en même temps aux chances de corruption, d'erreur ou de mortalité qui rendent si dangereux l'emploi de la preuve testimoniale.

Le législateur devait seconder ce mouvement des esprits en cherchant par des dispositions sages et réfléchies à donner à ce mode de preuve les plus grandes garanties et en déterminant exactement le degré de force probante de tous les genres d'écrits. C'est ce qu'il fit à la section première du chapitre de la *Preuve des obligations*. Nous ne pouvons mieux faire que de suivre l'ordre qu'il a lui-même adopté, en nous restreignant à ce qui fait l'objet de cette section, c'est-à-dire à la preuve de l'acquisition et de l'extinction des droits réels ou personnels. Pour être complet, nous devrions aussi étudier la preuve littérale en tant qu'elle concerne les actes de l'état civil et les affaires criminelles, mais un plan aussi étendu serait trop vaste pour la circonstance; nous nous attachons seulement à la partie la plus importante.

La loi a déterminé la force probante des écrits les plus importants : des actes rédigés dans le but de constater un fait juridique, des livres de commerce, des registres domestiques, des mentions faites à la suite, en marge ou au dos d'un acte. Quant à ceux qui ne rentrent sous aucun de ces genres, la question de savoir le degré de foi qu'ils méritent est abandonnée à l'appréciation des tribunaux. Dans la plupart des cas, ils ne serviront guère qu'à fournir au juge une présomption ; s'ils réunissent les conditions prescrites par l'art. 1347, ils pourront donner ouverture à la preuve testimoniale en leur qualité de commencements de preuve par écrit; mais ils n'auront jamais la force d'une preuve légale.

Les lettres missives adressées à des tiers étrangers au procès ne pourront être produites en justice qu'avec le consentement de ceux-ci et à la condition qu'elles n'aient de la part de celui qui les a écrites aucun caractère confidentiel. C'est au juge qu'il appartient de les apprécier sous ce rapport et de décider, suivant les circonstances, de leur admission ou de leur rejet. C'est là une question de fait qu'il juge en dernier ressort et qui ne peut donner ouverture à cassation (req. rej. 31 mai 1842).

Relativement aux écrits dont le législateur s'est spécialement occupé, nous remarquerons que leur autorité varie et avec raison suivant que le témoignage émane d'un tiers désintéressé comme dans les titres authentiques, ou du défendeur, comme dans les reconnaissances faites sous seing privé, ou même du demandeur, comme dans les registres des commerçants. Le degré d'autorité dans ces trois classes d'écriture va toujours en diminuant.

Les écrits authentiques reçoivent plus particulièrement le nom de *titre*. Toutefois, ce nom s'applique aussi, d'une façon générale, à tous les écrits qui constatent un droit quelconque. Il désigne également l'événement qui a donné naissance au droit; c'est ainsi qu'on dit : « Je suis propriétaire à titre de vente » ; et la qualité en vertu de laquelle on jouit de ce droit, comme quand on dit : « prendre le titre d'héritier. »

Cette variété d'acceptions se retrouve pour le mot *acte*, qui signifie tantôt les écrits destinés à constater les conventions (*instrumenta*) et tantôt les conventions elles-mêmes (*negotia juridica*).

Ces petits détails philologiques étaient nécessaires afin de fixer, une fois pour toutes, les différents sens de chacun de ces mots, et de prévenir les équivoques qui pourraient avoir lieu, si l'on voulait toujours donner à la même expression le même sens.

Les actes proprement dits, c'est-à-dire les écrits dressés dans le but de constater un fait juridique, se divisent : 1° en actes authentiques et en actes sous seing privé; 2° en actes originaux et en copies; 3° en actes primordiaux et en actes récognitifs. Nous ne parlerons pas des actes confirmatifs dont il est question au § 5 de notre section, sous la même rubrique que celle des actes confirmatifs, car bien qu'ils touchent à la preuve, en ce sens qu'ils doivent, pour faire foi d'un consentement sérieux contenir certaines mentions indiquées à l'article 1338, ils tendent, en réalité, non pas à conserver la preuve d'un droit reconnu valable, comme les actes récognitifs, mais à valider une opération entachée de nullité. C'est à une question de fond qu'ils ont trait, non pas à une question de fait. Pothier l'avait bien compris; aussi ne nous parle-t-il pas des actes confirmatifs dans son traité des obligations. Mais les rédacteurs se laissant prendre les premiers à l'amphibologie résultant du double sens du mot *acte*, parlèrent de la convention confirmative elle-même dans un endroit où il ne pouvait être question que de l'écrit destiné à prouver cette confirmation.

Remarquons qu'il peut y avoir une preuve préconstituée sans qu'il y ait écriture. C'est ainsi que les tailles sont assimilées par la loi elle-même à la preuve littérale, et il en serait de même de n'importe quel autre signe, pourvu qu'il ait une signification bien précise et bien arrêtée. C'est ainsi qu'on peut encore faire rentrer dans la preuve littérale les pierres-bornes et les marques de non-mitoyenneté.

CHAPITRE Ier.

DU TITRE AUTHENTIQUE.

Sous la dénomination d'actes authentiques (faisant foi par eux-mêmes), on peut faire rentrer les actes émanés des pouvoirs législatif, administratif ou judiciaire. Nous n'avons, pour ce qui nous concerne, à nous occuper que de l'authenticité judiciaire, c'est-à-dire des actes rédigés par les officiers publics et en première ligne des actes notariés, car ce sont ceux que le Code a eus principalement en vue dans notre chapitre.

L'art. 1317 nous donne lui-même la définition du titre authentique. C'est « celui qui a été reçu par
» officiers publics ayant le droit d'instrumenter dans
» le lieu où l'acte a été rédigé, et avec les solemnités
» requises. »

Cette définition s'applique à tous les actes authentiques rédigés en matière civile. Les officiers publics dont elle parle sont les notaires, les huissiers, les avoués, les commissaires-priseurs, les greffiers, les juges dans certains cas, et les officiers de l'état civil. Les notaires, dont la compétence est très-étendue, revêtent du caractère de l'authenticité tous les actes dont ils sont chargés et qui ne sont pas réservés à d'autres fonctionnaires; les huissiers ont une compétence plus restreinte, concourant dans certains cas avec celles du notaire ou du commissaire-priseur; les greffiers ont le même pouvoir en tant qu'ils rédigent le procès-verbal de l'audience et qu'ils signent avec le président les minutes des jugements; le juge de paix donne aussi l'authenticité aux procès-verbaux qu'il dresse en cas de conciliation; enfin les officiers de l'état civil impriment encore le même caractère à leurs actes en tant qu'ils constatent telles ou telles déclarations qui leur ont été faites.

La foi qui s'attache à ces actes résulte de deux présomptions légales : la première, c'est que l'acte qui a les apparences d'un acte authentique est réputé l'être en effet. En effet les formalités rigoureuses auxquelles il est astreint, la signature de l'officier, le sceau, etc., sont des choses très-difficiles à contrefaire. De plus le faux en écriture publique est un crime puni de la peine des travaux forcés, qu'il n'est pas naturel de présumer. La seconde, qui a principalement trait à la sincérité des faits relatés dans l'acte, c'est que les officiers publics reconnus par l'autorité et occupant dans le monde une position honnête ont rempli loyalement leur devoir et qu'ils n'ont pas voulu s'exposer à la peine des travaux forcés à perpétuité qui les frappe en cas de prévarication. Ces présomptions, hâtons-nous de le dire, ont été confirmées par la pratique; elles ont été bien rarement reconnues fausses.

Section 1re. — De la forme du titre authentique.

Dans cette section nous poserons d'abord les règles générales s'appliquant à tous les actes authentiques, quels qu'ils soient. Puis, nous nous occuperons des règles spéciales aux actes notariés en nous reportant pour cela à la loi du 25 ventôse an XI dont nous étudierons les dépositions substantielles se rattachant à notre matière.

§ 1. — *Règles générales sur la forme du titre authentique.*

Pour qu'un acte soit authentique, il faut le concours de plusieurs conditions :

1° Il faut que l'acte soit reçu par un officier public agissant en cette qualité. Si l'officier est, au moment de l'acte, suspendu, destitué ou remplacé, et a déjà reçu la notification de sa suspension, de sa destitution ou de son remplacement, l'acte est complétement nul, tout comme s'il émanait d'un simple particulier. Ceux passés avant la notification sont valables, jusque-là l'officier conserve son caractère ; mais ensuite on considère qu'il y a faute de la part des particuliers à ignorer le changement survenu dans la capacité de leur mandataire (art. 52, loi de ventôse).

2° Il faut qu'aucun empêchement particulier et

relatif n'ait rendu le rédacteur de l'acte, incapable de le recevoir. C'est ce qui aurait lieu, si l'officier public avait reçu un acte dans lequel il était personnellement intéressé ou qui concernait un de ses parents ou alliés au degré prohibé (art. 8, loi de ventôse).

Mais l'absence dans la personne de l'officier public des conditions d'aptitude requises pour la nomination aux fonctions dont il a pourtant été revêtu, n'enlève pas aux actes qu'il dresse le caractère de l'authenticité. C'est alors le cas d'appliquer la règle : *error communis facit jus*. Cette décision avait déjà été donnée à Rome, notamment à propos de Barbarius Philippus, esclave fugitif qui avait réussi à se faire nommer préteur et dont les actes furent maintenus (Loi 3 au Dig., *De officio prætorum*, liv. 1, tit. 14.—Loi 2 au Code, *De sent. et interr. omn. judic.*). Il en serait de même aujourd'hui si un particulier était, par exemple, nommé notaire sans réunir les conditions requises par l'art. 35 de la loi de ventôse. Les particuliers n'ont pas à faire d'enquête sur les antécédents, l'âge ou la nationalité d'une personne que l'autorité publique leur délègue, ils doivent croire que la nomination n'a pas été faite inconsidérément. Ce n'est pas, comme on pourrait le croire, un cas d'incapacité tombant sous l'application de l'art. 1318, et rendant l'acte incapable de faire preuve autrement que comme acte sous seing privé. L'art. 68 de la loi de ventôse énumérant les dispositions dont l'inobservation emporte nullité, ne mentionne ni l'art. 35 dont nous avons parlé, ni l'art. 7 relatif à l'incompatibilité de certaines fonctions avec celles des notaires. Notre hypothèse ne peut donc se rapporter au mot *incapacité* de l'art. 1318.

3° Il faut que l'officier public ait agi dans les limites de ses attributions sous le double rapport de la nature de l'acte qu'il a reçu et du lieu où il a instrumenté. Un maire ne pourrait pas faire le contrat de mariage de deux futurs époux; un notaire ne pourrait pas signifier des commandements. Quant à la compétence territoriale, dans l'ancien droit les actes faits en dehors du ressort n'étaient pas pour cela entachés de nullité, ils donnaient seulement lieu à une amende; mais aujourd'hui les règles qui concernent cette matière doivent être rigoureusement suivies sous peine de nullité.

4° Il faut encore que les formalités rigoureusement prescrites pour tels ou tels actes en particulier aient été observées. Nous verrons tout à l'heure spécialement celles qui concernent les actes notariés.

— Remarquons avant de finir que des actes sous seing privé ordinaires peuvent revêtir le caractère d'authenticité, s'ils sont déposés dans une étude de notaire par toutes les parties qui les ont signés ou au moins par celle qui s'est reconnue débitrice, et que le dépôt en est régulièrement constaté. Ce dépôt nous rappelle l'insinuation du droit romain, et de notre ancienne jurisprudence. Il peut avoir lieu, par exemple, pour un contrat de mariage. Toutefois le dépôt d'un testament mystique ou olographe ne lui donnerait pas le caractère d'un testament par acte public; le légataire universel devrait toujours, pour entrer en possession, obtenir une ordonnance du président du tribunal de première instance.

§ 2. — *Actes notariés.*

On peut considérer la compétence des notaires sous trois points de vue différents:

1° par rapport aux actes qu'ils peuvent dresser. Sous ce rapport elle est très-générale, embrassant tous les actes qui n'ont pas été exclusivement attribués à d'autres fonctionnaires. L'art. 1er de la loi de ventôse pose très-nettement ce principe en disant « que les notaires sont les fonctionnaires publics » établis pour recevoir tous les actes et contrats » auxquels les parties doivent ou veulent donner » le caractère d'authenticité attaché aux actes de » l'autorité publique et pour en assurer la date, en » conserver le dépôt, en délivrer des grosses et ex- » péditions. »

2° Par rapport au lieu où ils peuvent exercer. Il faut sous ce rapport distinguer trois catégories : les notaires résidant aux chefs-lieux de Cour impériale peuvent exercer leurs fonctions dans tout le ressort de la Cour; ceux qui demeurent dans les villes où il n'y a qu'un tribunal de première instance, dans le ressort de ce tribunal; ceux des autres communes, dans le ressort de la justice de paix de leur résidence (loi de ventôse, art. 5).

3° Par rapport aux personnes dont ils peuvent recevoir les actes. L'art. 8 de la même loi leur défend de recevoir ceux dans lesquels leurs parents ou alliés en ligne directe à tous les degrés, et en ligne collatérale jusqu'au degré d'oncle ou de neveu inclusivement seraient parties. Ces restrictions apportées aux limites de leurs attributions se comprennent d'elles-mêmes. Nous inclinons à croire néanmoins avec la jurisprudence qu'un notaire pourrait recevoir des actes dans lesquels un de ses parents ou alliés au degré prohibé figure, non point comme partie, mais comme mandataire de l'une des parties (Grenoble, 7 juillet 1830); qu'il pourrait aussi recevoir des actes pour une société anonyme dont un de ses parents ou alliés serait actionnaire au même administrateur ou dans laquelle il aurait lui-même quelques actions (Paris, 22 mai 1848).

Nous savons déjà qu'ils ne peuvent instrumenter pour les affaires dans lesquelles ils sont personnellement intéressés; cette défense existe, soit qu'ils figurent nommément dans l'acte, soit qu'ils figurent par le ministère d'une personne cointéressée ou interposée. Ils ne pourraient même pas sans infirmer le caractère authentique de l'acte qu'ils reçoivent se porter acceptants pour un créancier absent, des obligations ou des garanties passées au profit de ce dernier. Cette décision, contraire à un usage assez généralement répandu chez les notaires, a été rendue par la Cour d'Amiens dans un arrêt du 8 avril 1856.

Les formalités qui sont en outre requises pour la validité des actes notariés se rattachent à deux chefs principaux : 1° à la qualité des personnes qui les reçoivent, 2° aux règles qu'il faut suivre dans la rédaction.

I. *Règles relatives aux personnes.* — L'art. 9 de la loi de ventôse nous dit que « les actes seront reçus » par deux notaires ou par un notaire assisté de deux » témoins.... » Cette mesure a pour but d'ajouter encore aux garanties de l'acte authentique. Le concours du notaire en second ou des deux témoins préviendra les tentatives de fraude ou au moins les rendra beaucoup plus difficiles, car, pour qu'elles soient possibles, il faudra supposer ou que ces personnes ont été induites en erreur ou qu'elles sont devenues complices.

C'est la reproduction d'une disposition de l'ordonnance du 1er décembre 1437 qui n'avait pas tardé à tomber en désuétude sauf pour certains actes, comme les testaments, et qui avait été remplacée au Châtelet de Paris par un usage qui obligeait les notaires à faire signer tous leurs actes par un de leurs collègues. Cette signature ne pouvait être refusée pourvu que l'acte ne fût pas contraire aux ordonnances et aux bonnes mœurs. Cet usage avait été par la suite converti en loi.

Ce qui s'était passé dans l'ancienne jurisprudence s'est renouvelé de nos jours, par suite encore des impérieuses nécessités de la pratique, de la difficulté d'obtenir l'assistance d'un collègue et de la répugnance que chacun ressent à révéler le secret de ses affaires devant des tiers. L'art. 9 de la loi de ventôse ne fut pas exécuté et l'on continua à faire seulement signer les actes par le second notaire ou les témoins. L'usage qui s'établit ainsi en dehors de la règle légale ne fut pas reconnu par la jurisprudence. Un arrêt célèbre de la Cour de cassation, celui 25 janvier 1841, déclara nul un acte de donation, à la confection duquel le notaire en second n'avait pas été présent, par ce motif que la loi de ventôse exigeait cette présence et que l'usage ne pouvait pas à lui seul abroger une loi. Cette décision de la Cour suprême compromettait les intérêts les plus légitimes et remettait en question les droits les mieux fondés; presque tous les actes passés depuis la loi de ventôse pouvaient être l'objet d'un procès. Le législateur intervint alors, et dans le but éminemment sage d'assurer la tranquillité des familles, usant en cela du droit qui lui est réservé d'interpréter et de modifier les lois, il édicta la loi du 21 juin 1843 dont le premier article défend d'annuler « les actes » notariés passés depuis la promulgation de la loi du 25 » ventôse... par le motif que le notaire en second ou » les deux témoins instrumentaires n'auraient pas été » présents à la réception desdits actes. » Cette loi sanctionne en même temps la nouvelle pratique qu'elle régularise avec soin.

Désormais la présence effective de ces personnes n'est requise à peine de nullité qu'autant qu'il s'agit soit d'actes contenant donation entre-vifs, donation entre époux pendant le mariage, révocation de donation ou de testament, reconnaissance d'enfants naturels, soit de procurations pour faire de pareilles dispositions ou déclarations. Ces actes sont énumérés limitativement par la loi, et même pour eux il suffit que la présence effective ait lieu au moment de la lecture de l'acte par le notaire et de sa signature par les parties, mais elle doit à peine de nullité être mentionnée dans l'acte. Quant aux testaments, les règles du Code civil sont maintenues. Ces règles sont toutes spéciales; nous ne nous en occuperons pas.

Mais à quoi peut servir avec une telle législation le concours du second notaire dans la plupart des actes, puisqu'il se borne à une signature? N'aurait-il pas mieux valu abroger complétement l'art. 9 de la loi de ventôse plutôt que de continuer à exiger une formalité qui semble au premier abord puérile? Ces objections ne condamnent pas la loi de 1843. Cette signature donnée après coup a d'abord des qualités négatives qui ne sont pas à dédaigner. Elle n'est pas difficile à obtenir, elle n'entraîne aucun inconvénient, ce n'est pas une formalité vexatoire. Elle présente en outre certains avantages que le législateur aurait eu tort de négliger. Le notaire en second vérifiera si toutes les conditions de formes ont été remplies; sa signature comme celle des témoins sera un obstacle aux retranchements ou aux intercalations qu'on voudrait faire par la suite au détriment d'une partie; elle rendra aussi le crime de faux plus difficile.

Deux notaires parents ou alliés en ligne directe à l'infini et en ligne collatérale jusqu'au troisième degré inclusivement ne peuvent concourir à la confection d'un même acte (art. 10, loi de ventôse).

Les actes pourraient-ils être reçus par plus de deux notaires? Dans l'ancien droit, cela fut défendu par le Parlement (arrêt de règlement du 10 février 1615), pour qu'il n'y eût pas trop de personnes instruites des secrets des particuliers. Mais cette défense était tout à fait superflue, comme on le comprend. Elle n'a pas été reproduite dans notre droit moderne; par suite les notaires peuvent, si cela leur plaît, se réunir à plus de deux pour recevoir un acte.

Pour être capable de servir de témoin dans un acte notarié, il faut jouir de la qualité de citoyen français, savoir signer et être domicilié dans l'arrondissement communal où l'acte est passé (loi de ventôse, art. 9).

Le ministère du témoin est donc considéré comme une mission publique, c'est pour cela qu'on exige qu'il jouisse de ses droits politiques. S'il en était privé, soit par suite d'une condamnation à une peine afflictive ou infamante, soit à cause de son état de failli, de contumace ou d'interdit, ou bien par suite d'une condamnation spéciale du tribunal de police correctionnelle, il ne pourrait plus être témoin instrumentaire.

Remarquons toutefois que la maxime : *error communis facit jus*, que nous avons admise pour la capacité du notaire, doit *a fortiori* s'appliquer aux témoins. Elle ne permet pas d'annuler un acte où l'on aurait employé un individu regardé à tort, mais par tout le monde, comme ayant les qualités nécessaires pour être témoin. Mais elle ne s'applique pas évidemment aux incapacités résultant de l'âge ou de la parenté, car, à moins de circonstances extraordinaires, on peut toujours connaître ce genre d'incapacités.

Ces deux témoins doivent savoir signer. Il n'y a d'exception que pour les testaments publics faits à la campagne ; il suffit alors que la moitié des témoins requis donne sa signature.

Ils doivent être domiciliés dans l'arrondissement afin de pouvoir être retrouvés plus facilement en cas de besoin.

Les individus réunissant ces qualités ne peuvent, malgré cela, servir de témoins, quand ils sont soit parents ou alliés au degré prohibé, soit serviteurs ou clercs du notaire ou des parties qui figurent dans l'acte (loi de ventôse, art. 10). La question de savoir si telle personne qui travaille chez un notaire est à considérer comme son clerc constitue une simple question de fait qui reste abandonnée à l'appréciation des tribunaux.

Mais rien n'empêche deux parents d'être témoins dans le même acte. « *Nihil nocet ex una domo plures testes alieno negotio adhiberi.* »

II. *Règles relatives à la rédaction du titre.* — Tout notaire est tenu d'énoncer son nom et sa résidence ; mais comme sa signature le fait suffisamment connaître, cette mention n'est pas substantielle et n'a pas d'autre sanction qu'une amende. Les parties doivent aussi être clairement désignées par leurs noms prénoms, qualités et demeures, autrement l'acte pourrait en fait demeurer inefficace comme moyen de preuve. Il doit en être de même pour les témoins appelés dans le but d'attester l'individualité des parties. Mais ni dans l'un ni dans l'autre cas, l'absence ou l'irrégularité de ces énonciations n'entraînerait la nullité de l'acte (art. 12 et 13 de la loi de ventôse).

Sont exigées à peine de nullité : 1° la mention des noms et de la demeure des témoins instrumentaires. Le notaire devra nécessairement employer des témoins domiciliés dans la commune, sans quoi il commettrait un faux. 2° La mention du lieu, de l'année et du jour où les actes sont passés. Le lieu est suffisamment indiqué par la désignation de la ville ou de la commune, sans qu'il soit nécessaire d'énoncer la rue et la maison (*locus loci*), comme le prescrivait autrefois l'ordonnance de Blois (art. 167). Il s'agit seulement de constater que les règles de compétence ont été bien observées. On exigeait aussi autrefois que l'on indiquât si l'acte avait été passé avant ou après midi. Cette mention qui n'est plus exigée était fort importante pour connaître la date de l'hypothèque résultant alors de tous les actes notariés. Au surplus la jurisprudence reconnaît avec raison que l'énonciation des différents éléments qui constituent la date des actes notariés est susceptible d'être remplacée à l'aide d'énonciations parfaitement équipollentes (art. 12, même loi).

La loi veut que les actes notariés soient écrits en un seul et même contexte, lisiblement, sans abréviation, blanc, lacune ni intervalle et sans surcharges, interlignes ni additions dans le corps de l'acte (art. 13 et 16). Mais l'inobservation de ces règles n'entraîne qu'une amende contre le notaire. Toutefois les mots surchargés, interlignés ou ajoutés sont nuls, et il pourrait se faire que cette nullité partielle réagît sur l'acte tout entier s'ils portaient sur des énonciations essentielles à la validité de l'acte. Il n'y a aucune disposition concernant les mots rayés, mais on peut dire qu'en général il faudra, sauf l'appréciation des circonstances, maintenir les mots rayés sans approbation, tant qu'on n'établira pas que la radiation a eu lieu lors de la confection même de l'acte.

Les renvois ou apostilles, pour faire quelque preuve, doivent être signés ou au moins paraphés par tous les signataires de l'acte, s'ils sont écrits en marge de l'acte ; ils doivent de plus être expressément approuvés s'ils ont été à cause de leur longueur reportés à la fin de l'acte. Plusieurs arrêts décident qu'il ne suffit pas que les renvois mis à la fin des actes notariés soient placés devant les signatures et suivis des mots *approuvé le renvoi ;* il faut qu'il y ait de la part des signataires une approbation spéciale et séparée (art. 15, même loi).

Les actes notariés doivent à peine de nullité être signés par les parties, les témoins et les notaires. La signature consiste dans l'apposition de son nom de famille. On n'est donc pas censé avoir signé un acte quand on a simplement souscrit de ses prénoms ou des initiales de ses noms, ou quand on a apposé soit le nom d'une famille à laquelle on n'appartient pas, soit un sobriquet, soit le nom d'une terre dont on est propriétaire. Toutefois, une signature incomplète ou irrégulière doit par exception être considérée comme suffisante, quand elle est connue comme étant la signature habituelle de telle personne dont l'identité est bien constatée. Ainsi, par exemple, la signature d'un évêque, quoique consistant uniquement dans les lettres initiales de ses prénoms, précédées d'une croix et suivies de l'indication de sa dignité, devrait être déclarée valable. L'absence du paraphe habituel n'invaliderait pas la signature des parties ni celle des témoins. Invaliderait-elle celle du notaire? La question est assez délicate, car cette signature a un caractère tout particulier par suite du dépôt que le notaire a dû en faire au tribunal. La jurisprudence ne nous apprend rien sur ce point. Pour nous, nous inclinerions à croire qu'il faut sur ce point assimiler la signature du notaire à celle des parties ou des témoins. Il sera néanmoins beaucoup plus prudent pour éviter tout procès que le notaire ajoute toujours à son nom le paraphe officiel.

La règle que les parties doivent signer n'est exigée que par exception pour les actes authentiques qui sont du ministère des huissiers ou des avoués. Quand ces officiers s'acquittent de leurs fonctions, ils sont toujours présumés avoir reçu mandat de leurs clients tant que le contraire n'est pas prouvé.

L'acte doit sous peine de nullité contenir la mention de la signature des parties et des témoins. Cette mention est utile en ce qu'elle aggrave la responsabilité du notaire qui contreviendrait à la loi. Quant à la signature du notaire lui-même, l'art. 14 de la loi de ventôse semble exiger qu'elle soit aussi mentionnée sous peine de nullité ; mais un avis du conseil d'État du 20 juin 1810 décida que cette mention était superflue. En effet, si la signature du notaire est véritable, la mentionner est inutile ; si elle ne l'est pas, il y a par cela même un faux caractérisé qui ne serait pas le moins du monde aggravé pour la fausseté de la mention.

Ce même art. 14 paraît exiger que cette mention se trouve à la fin de l'acte. Mais la disposition est purement indicative et réglementaire. Peu importe en effet qu'elle se trouve placée au commencement, au milieu ou à la fin ; elle précède toujours l'apposition des signatures qui viennent la sanctionner.

Si les parties ou l'une d'elles ne savent ou ne peuvent signer, le notaire doit à peine de nullité, non pas seulement énoncer cette incapacité, mais mentionner leurs déclarations à cet égard. Mais il n'est pas nécessaire, comme dans les testaments publics, que la cause de l'empêchement soit indiquée.

La loi de ventôse ne dit rien de la langue dans laquelle les actes doivent être rédigés. Mais il paraît constant que l'ordonnance de 1539 est encore en vigueur sur ce point et qu'ils doivent être écrits en *langage maternel français*. Cette décision est confirmée par une loi du 2 thermidor qui prononce des peines très-graves contre tout officier public qui recevrait des actes dans une autre langue que la langue française. Depuis, un arrêté du 24 prarial an XI a prescrit au notaire de mettre en marge, s'il en était requis, la traduction de l'acte en langue étrangère, faite soit par lui-même s'il connaît cette langue, soit par un tiers. Quant aux témoins appelés à concourir à de tels actes, les juges ont à apprécier si en fait ils ont été suffisamment instruits par le notaire de ce qui se passait en leur présence. Cet arrêté fait pour les pays nouvellement réunis à la France est encore applicable aux départements où le français n'est pas la langue populaire.

Pour assurer la stabilité des contrats qu'il a passés, le notaire est tenu de conserver minute de tous les actes qu'il dresse. Il n'y a d'exception que pour certaines classes d'actes peu importants qui sont énumérés à l'art. 20 de la loi de ventôse, et en général pour les *actes simples*. Mais que doit-on entendre par actes simples? Nous n'avons pour les distinguer aucun caractère juridique spécialement déterminé; il faut pour les connaître recourir à la déclaration du 7 septembre 1723 dont nous avons parlé et qui est encore en vigueur, étudier les décisions de la jurisprudence sur des cas particuliers, et admettre pour principe que la minute est utile chaque fois que l'acte doit faire titre. Quand le notaire conserve la minute, il délivre aux parties des expéditions signées par lui; les actes simples sont rédigés en *brevets*.

Le notaire ne peut se dessaisir de la minute que dans les cas prévus par la loi et en vertu d'un jugement (art. 22, même loi). Cette règle s'applique aux testaments par acte public, mais non aux testaments mystiques dont l'acte de suscription peut être considéré comme un acte simple, et que le testateur peut se faire remettre contre décharge.

Les solennités dont nous venons de parler sont celles qui sont nécessaires pour que l'acte fasse foi en justice, on les appelle *solemnia probantia*. Il en est d'autres qui sont nécessaires pour l'exécution, et, bien qu'elles ne rentrent pas directement dans notre sujet, nous ne pouvons pas néanmoins les passer complétement sous silence. On les nomme *solemnia completoria*.

Cette distinction est importante à faire. Il y a des actes qui sont authentiques sans donner lieu à l'exécution parée, comme les certificats de vie par exemple. De même les procès-verbaux de conciliation rédigés par le juge de paix font foi des conventions des parties, mais ne pourraient servir de base à aucune exécution, il ne pourrait en résulter une hypothèque conventionnelle. L'art. 54 du Code de procédure, en décidant que ces conventions ont *force d'obligation privée*, a simplement eu pour but de garantir aux notaires le privilége qu'ils ont de dresser des actes constitutifs d'hypothèque et de refuser à ces procès-verbaux la force exécutoire des actes notariés et des jugements. Mais il n'a jamais voulu dire, comme on l'a quelquefois prétendu, qu'ils ne pouvaient faire foi en justice, car le juge de paix rédigeant le procès-verbal est indubitablement un officier public agissant dans les termes de l'art. 1317, et les actes qu'il dresse en cette qualité rentrent bien dans la définition des actes authentiques.

Pour que les parties obtiennent l'exécution parée (étymologie : *parta ex causa judicati persecutio,* expressions du Digeste dont on a fait par corruption *persecutio* ou *executio parata*) en vertu d'un acte notarié, il faut que le notaire leur délivre une expédition écrite en gros caractères qu'on appelle pour cette raison une *grosse* et que cette expédition soit précédée de l'intitulé des lois et suivie du mandement aux officiers de justice (art. 545 Code de procédure). C'est la loi du 6 octobre 1791 qui a rendu exécutoires dans toute la France, à l'instar des lois et des jugements et sans qu'il fût besoin d'aucun visa ni *pareatis*, les grosses rédigées sous cette forme.

Le sceau que le notaire appose sur les actes et qui tenait autrefois lieu de sa signature, n'a plus maintenant d'autre utilité que de rendre le faux plus difficile à commettre.

La légalisation par laquelle le président du tribunal atteste que la signature du notaire est bien véridique n'est exigée que lorsque l'acte doit être produit à une certaine distance ; au delà du ressort de la Cour pour les actes dressés par des notaires résidant dans la même ville que la Cour, au delà du département pour les actes des autres notaires. Une grosse dépourvue de cette formalité pourrait néanmoins produire son effet, si la partie défenderesse ne voulait pas exciper de ce manque de formes, ou si elle en excipait trop tard (rej. 10 juillet 1817).

Nous avons vu que dans l'ancienne jurisprudence,

les actes avaient besoin pour être exécutoires d'être soumis au contrôle. La loi de 1791 qui remplaça le contrôle par l'enregistrement donnait la même décision. Mais la loi du 22 frimaire an VII ne voulant pas subordonner à l'accomplissement d'une mesure fiscale la foi dont jouissent les notaires décida que le défaut d'enregistrement dans le délai fixé à cet effet n'enlèverait point à ces actes l'authenticité et ne les empêcherait même pas d'avoir date certaine. Il n'y a plus d'autre sanction pour ce retard qu'une amende. Remarquons toutefois que les exploits d'huissiers restent soumis à l'ancienne règle. La loi en cette circonstance comme en plusieurs autres semble n'avoir dans ces fonctionnaires qu'une médiocre confiance.

Section. II. — Force probante des actes authentiques.

Nous étudierons sous cette rubrique: 1° le degré de foi qu'il faut attacher en général aux actes authentiques ; 2° ce que peuvent prouver les écrits qu'on appelle les *contre-lettres;* 3° le moyen prescrit par la loi pour faire tomber l'autorité d'un titre authentique.

§ 1. — *Quelle est la foi des actes authentiques en général.*

La force probante des actes authentiques varie suivant qu'il s'agit de prouver ou l'existence matérielle des faits que l'officier public y a énoncés, ou la vérité intrinsèque des dispositions qui y sont contenues, ou enfin la réalité de certains faits juridiques antérieurs dont il y est fait mention en termes énonciatifs.

Pour la première espèce de faits, l'acte qui a les apparences d'un acte authentique prouve jusqu'à inscription de faux et indépendamment de toute reconnaissance ou vérification préalable des signatures des parties. Mais quels sont précisément les faits qu'il prouve? L'art. 1319 ne nous éclaire pas sur ce point; il nous faut pour le savoir remonter à Dumoulin. Cet auteur, en réunissant et en coordonnant tous les principes de l'ancienne jurisprudence sur cette matière, en forma le premier une théorie complète que Pothier et le Code civil ont depuis suivie avec plus ou moins d'exactitude. Il nous dit que l'acte authentique fait pleine foi, mais seulement des choses qui se sont passées devant l'officier public ou que celui-ci déclare avoir accomplies lui-même; *quarum notitiam et scientiam habet propriis sensibus visus et auditus.*

Cet acte fera donc foi de sa date, des signatures qu'il contient et de l'observation des diverses formalités qui y sont relatées; il prouvera de la même manière que les parties ont réellement fait les déclarations qui y sont consignées, que l'une d'elles par exemple a remis en effet à l'autre une certaine quantité d'espèces dont les clauses constatent et la numération et la remise. Pour contester la vérité de ces faits, il faudrait s'inscrire en faux. Au contraire, pour contester un fait qui se trouve en dehors du ministère de l'officier public, on suivrait les règles ordinaires de la preuve. Ainsi, par exemple, on pourrait prouver par témoins, contrairement à la déclaration d'un notaire, que tel testateur dont il a reçu le testament n'était pas sain d'esprit.

Mais vis-à-vis quelles personnes cet acte authentique fait-il pleine foi? Si l'on en croyait le texte de l'art. 1319, il faudrait dire que la force probante existe seulement « entre les parties contractantes et » leurs héritiers ou ayants cause. » C'était là l'opinion de Pothier, et les rédacteurs du Code l'ont reproduite sans s'apercevoir qu'ils confondaient comme lui la question de savoir quel est le degré de foi dû aux actes authentiques considérés comme moyens de preuve avec celle de savoir quelle est, soit entre les parties, soit au regard des tiers, l'efficacité des conventions, dispositions, déclarations ou énonciations contenues dans de pareils actes. La vérité, c'est que l'authenticité d'où dérive la force probante est indivisible et existe à l'égard de tous; « *publicum instru-* » *mentum,* » disait Dumoulin, « *erga omnes est æque* » *publicum et probans... Acta vel quæcumque scripta* » *publica probant seipsa, id est rei taliter gestæ fidem* » *faciunt inter quoscumque.* » Ce qui se trouve relaté dans l'acte est donc réputé vrai non-seulement à l'égard des parties, de leurs héritiers ou ayants cause, mais même à l'égard des tiers qui peuvent s'en prévaloir pour prouver que telle convention a réellement eu lieu. Mais les effets légaux ne se produisent qu'entre les parties contractantes et leurs ayants cause, conformément au principe de l'art. 1165 du Code Napoléon. Il y a cette différence entre les parties et les tiers, qu'elles sont obligées en vertu de la convention dont l'écrit est la preuve. Supposons, par exemple, que Primus ait vendu à Secundus un champ faisant partie d'une succession ouverte à son profit, et que le contrat ait été constaté dans la forme authentique, les obligations de vendeur et d'acheteur lieront les parties et leurs ayants cause seulement; mais la vente en elle-même existera à l'égard de tous, et les créanciers de la succession pourront invoquer le titre pour prouver que Primus a fait un acte d'héritier pur et simple. Cette théorie, qui est la seule juridique et rationnelle, avait déjà été exposée par Jaubert dans son rapport au Tribunat, et aujourd'hui elle est suivie sans contestation par la jurisprudence.

En ce qui concerne la sincérité et la réalité des faits juridiques relatés dans l'acte, cet acte fait encore pleine foi à l'égard des parties et des tiers, mais seulement jusqu'à preuve contraire et non plus jusqu'à inscription de faux. Les conventions, dispositions ou déclarations qu'il contient peuvent être arguées de simulation. On peut donc chercher à établir qu'une convention qualifiée vente est en réalité une antichrèse; que tel prêt est entaché d'usure; que la numération des espèces qui est censée avoir eu lieu devant le notaire n'était que simulée. De plus il est permis, soit à une partie, soit à un tiers, de prouver que l'acte n'énonce pas d'une manière exacte les clauses et conditions des parties, et notamment que des clauses accessoires exprimées lors de la confection de l'acte n'y ont pas été insérées. Ainsi un vendeur pourrait prouver que la faculté de rachat a été stipulée en sa faveur, bien que l'acte n'en fasse pas mention.

Toutes ces prétentions peuvent être émises, pourvu qu'on ne reproche à l'officier public aucune altération intentionnelle des conventions des parties. Autrement ce serait la voie de l'inscription en faux qu'il faudrait prendre. Dans l'hypothèse où nous nous plaçons celui qui a entrepris de faire la preuve contraire peut toujours faire interroger son adversaire sur faits et articles ou lui déférer un serment litis-décisoire. La preuve par témoins n'est pas admise en vertu de la règle qui défend de prouver de cette façon contre et outre le contenu aux actes, à moins qu'on n'ait un commencement de preuve par écrit. S'il s'agissait d'une simulation qui impliquât une fraude à la personne ou à la loi, l'existence pourrait en être établie par tous les moyens, car cette espèce ne rentre pas sous l'application de l'art. 1341.

A côté des clauses *dispositives* où se trouve relatée l'opération que les parties ont eue principalement en vue, il y a les *clauses énonciatives* qui relatent des faits ou actes juridiques antérieurs et qu'on pourrait retrancher sans altérer la substance de l'obligation principale. L'art. 1319 décide que ces clauses énonciatives ont la même force probante que la disposition principale, lorsqu'elles lui sont unies par un rapport direct. Quand elles sont étrangères à la convention, elles ne peuvent servir que d'un commencement de preuve par écrit aux parties.

Cette règle est commune aux actes authentiques et aux actes sous seing privé. La question de savoir si la relation directe existe ou non est une question de fait laissée entièrement à la prudence du juge, qui peut même décider que les énonciations indirectes lui paraissent trop vagues pour former un commencement de preuve par écrit. Il faut en général pour la trancher considérer s'il y avait pour l'une ou l'autre des parties un intérêt quelconque à ce que l'énonciation ne fût pas insérée. Si cet intérêt existait, l'insertion peut être à bon droit considérée comme une reconnaissance, un aveu qui mérite la même foi que la disposition principale. Par exemple, si dans un acte nouveau passé en reconnaissance d'une rente perpétuelle, il est dit que les arrérages ont été acquittés jusqu'à une certaine époque, cette énonciation qui a un rapport direct avec le dispositif fait pleine foi ; car le créancier de la rente ne l'eût évidemment pas laissé insérer, s'il n'avait reconnu la vérité du fait qu'elle relatait. En sens inverse, si dans l'acte de vente d'un immeuble, le vendeur énonce que cet immeuble provient de telle succession, on ne peut se prévaloir contre l'acheteur de ce qu'il a souscrit l'acte avec cette disposition accessoire, car il est probable que son attention ne s'était pas portée sur cette circonstance qui ne paraissait avoir pour lui aucun intérêt. Il y aura seulement contre lui un commencement de preuve.

Cette foi que la loi accorde aux énonciations directement relatives au fait juridique principal, existe non-seulement entre les parties, mais encore au regard des tiers. L'art. 1320 ne parle, il est vrai, que des parties, mais c'est par suite de la même confusion qui existe dans l'art. 1319 et dont nous avons déjà parlé. Nous devons ici comme précédemment corriger cette inexactitude et étendre la règle générale qui nous avons posée. L'acte, en effet, prouve l'existence de l'aveu contenu dans l'énonciation ; il le prouve pour tous en vertu de son caractère d'authenticité. Le débiteur de la rente dans l'espèce que nous posions tout à l'heure pourrait donc opposer l'énonciation relative au payement des arrérages à un créancier tiers saisissant.

Mais si ces énonciations font foi à l'égard des tiers, il est bien évident qu'elles ne peuvent leur nuire, en créant des droits contre eux. Ainsi un titre de vente constatant qu'il existe au profit de la maison vendue une servitude de vue sur la propriété du voisin, ne serait d'aucune utilité à l'acheteur pour réclamer contre celui-ci l'exécution de la servitude. Les énonciations étrangères ne sauraient non plus former contre les tiers un commencement de preuve, puisqu'elles n'émanent pas d'eux. Le principe de l'article 1165 ne permet l'hésitation sur aucun de ces points.

Il n'en était pas de même dans l'ancienne jurisprudence. On admettait alors que les énonciations contenues dans les actes anciens, quand elles se trouvaient soutenues par une longue possession, faisaient foi même au préjudice des tiers : « *In antiquis enuncia-* » *tiva plene probant, etiam contra alios et in præjudi-* » *cium tertii,* » dit Dumoulin. Pothier admettait la même règle. Et cette règle que nous ne comprendrions plus aujourd'hui était très rationnelle à l'époque de ces auteurs, quand on se contentait pour autoriser la preuve testimoniale d'un adminicule quelconque, même d'une énonciation émanée d'un tiers. Ajoutons qu'en matière de servitude cette règle avait l'avantage de servir de correctif à la règle coutumière : *Nulle servitude sans titre.*

Il y avait du reste grande controverse sur la question de savoir ce qu'on devait entendre par actes anciens. Les uns voulaient qu'ils eussent 40 ans, les autres 70; la majorité demandait 100 ans. Dumoulin pensait que le laps de temps devait varier suivant l'importance des objets, et il laissait une grande latitude à l'arbitrage du juge.

Cette règle a disparu de la législation moderne; le Code civil considère encore dans une circonstance particulière l'ancienneté des titres, mais en dehors de là, elle n'est plus d'aucun effet. Toullier a néanmoins prétendu que le principe reconnu par Pothier et Dumoulin était encore en vigueur, non plus pour ce qui concerne les droits réels, mais pour ce qui est relatif à l'état des personnes. Cette distinction qui n'est nullement fondée montre à elle seule la fausseté de son système.

On disait aussi autrefois : « *In antiquis omnia præsumuntur solemniter acta.* » L'ancienneté faisait présumer que toutes les formalités requises avaient été observées, quoique cela ne fût pas démontré par le titre même. Il n'est plus question de cette règle dans notre droit.

§ 2. — *Quelle est la foi des contre-lettres.*

On entend en général par contre-lettre tout écrit destiné à annuler ou à modifier une convention constatée dans un écrit antérieur. C'est en ce sens que l'art. 1396 en parle relativement aux changements portés après coup au contrat de mariage.

A l'art. 1321, la contre-lettre dont il s'agit est bien encore un écrit destiné à en modifier un autre, mais cet écrit doit rester secret entre les parties contractantes. Il peut être rédigé sous la forme authentique ou sous seing privé ; le plus souvent la forme authentique est préférée pour plus de garantie ; c'est pour cela qu'il en est parlé sous notre paragraphe.

On s'imagine tout d'abord que ce genre d'écrit ne peut servir qu'à couvrir des fraudes ou des dissimulations coupables ; et on se demande comment la loi peut permettre cette feinte hypocrite qui n'a d'autre but que d'illusionner les tiers et surtout de frustrer les droits du fisc. Cependant, il n'est pas impossible d'imaginer des cas où le but de la contre-lettre serait licite. Un père peut vouloir, par exemple, avantager un de ses enfants dans la limite de la quotité disponible, mais tenir à dissimuler sa libéralité pour éviter toute dissension dans la famille. La contre-lettre qu'il fera dans cette circonstance sera à l'abri de tout reproche. La loi ne devait donc pas prohiber l'usage des contre-lettres, elle n'avait qu'une chose à faire, sauvegarder l'intérêt des tiers, et c'est ce à quoi elle a pourvu en décidant dans l'art. 1321 que les contre-lettres n'auraient point d'effet contre les tiers, à moins que ceux-ci n'ent aient obtenu connaissance.

Mais que faut-il entendre ici par tiers? Il ne s'agit plus, comme lorsque nous parlions des actes authentiques, de personnes absolument étrangères au contrat, des tiers *penitus extranei*. Contre eux il est bien évident que la contre-lettre ne peut produire aucun effet, car *res inter alios acta, aliis non nocet*. Les tiers de l'art. 1321 sont les ayants cause à titre particulier des parties qui ont traité avec eux postérieurement à l'acte ostensible sur la chose même qui faisait l'objet de cet acte. Ce sont absolument les mêmes que ceux dont il est question à l'art. 1328. Ceux-ci ont dû se fier à l'acte primitif; les clauses de l'acte modificatif ne leur sont donc pas opposables. Supposons que Primus achète de Secundus une maison que celui-ci avait lui-même achetée de Tertius; ce dernier ne sera pas reçu à opposer à Primus une contre-lettre par laquelle Secundus aurait reconnu que la première vente n'était que fictive.

Les ayants cause à titre universel des parties ne pourraient critiquer la contre-lettre, car ils sont tenus de toutes les obligations de leur auteur et assimilables aux parties elles-mêmes. La même solidarité existe entre le mandant et le mandataire. Les créanciers chirographaires sont-ils aussi liés par la contre-lettre de leur débiteur? Ou bien le droit qu'ils ont acquis sur ses biens doit-il les faire rentrer parmi le ayants cause? Cette question très-délicate a été tranchée dans le second sens par un arrêt de cassation du 23 février 1835.

Mais remarquons que les ayants cause postérieurs à l'acte principal, s'ils ne peuvent souffrir de la contre-lettre, ont parfaitement le droit d'en arguer en leur faveur, si l'occasion s'en présente. La disposition de l'art. 1321 n'a été admise que dans leur intérêt et il serait contradictoire de la rétorquer contre eux.

La loi du 22 frimaire, pour prévenir autant que possible les fraudes qui se commettent au préjudice du trésor par la dissimulation d'une partie du prix dans les actes de vente, avait dans son art. 40 déclaré nulle et de nul effet « toute contre-lettre faite sous
« signature privée qui aurait pour objet une augmen-

» tation du prix stipulé dans un acte sous signature
« privée, précédemment enregistré. » Mais cette
disposition a été virtuellement abrogée par l'art. 1321.
Cela résulte très-clairement de la discussion qui eut
lieu au conseil d'Etat lors de la rédaction de cet article. M. Duchâtel, directeur général de l'enregistrement, demanda qu'on proscrivît d'une manière absolue l'usage des contre-lettres, mais sa proposition fut
unanimement rejetée. Le même article décidait en
outre qu'une amende triple de la somme qui aurait
été perçue sur les valeurs dissimulées serait exigée
des parties qui auraient augmenté secrètement le prix
ostensible. Cette disposition est encore en vigueur
aujourd'hui.

Entre les parties, les stipulations contenues dans
une contre-lettre sont obligatoires d'après les règles
ordinaires sur les conventions.

Il peut se faire cependant qu'elles n'aient même à
leur égard aucun effet. Cela se présente quand elles
sont contraires à quelque principe d'ordre public auquel il n'est pas permis de déroger et notamment
pour les traités secrets en matière de cession d'offices
quand le cessionnaire s'engage à payer un prix supérieur à la somme portée au titre apparent. L'obligation qui est alors intervenue est absolument nulle,
parce que la cause est illicite ; le cédant n'a aucune
action pour en obtenir l'exécution ; le cessionnaire
n'est pas même tenu d'une obligation naturelle, et s'il
paye, il peut répéter. Le législateur en édictant ces
dispositions rigoureuses a eu en vue le cas éventuel
où l'Etat se trouverait dans la nécessité d'exproprier
quelques-uns de ces offices ; il a voulu en même temps

empêcher que la spéculation ne prît une trop grande part dans ce genre de traités, et il à craint que les cessionnaires pressés de réparer au plus tôt les sacrifices pécuniaires qu'ils auraient dû s'imposer ne fussent portés à commettre des malversations ou d'autres abus.

§ 3. — *De l'inscription de faux.*

L'inscription de faux, comme nous l'avons déjà dit, est le seul moyen qui puisse être employé par les tiers pour combattre la foi d'un acte authentique. Selon qu'on conteste l'existence matérielle des formalités requises pour l'authenticité ou la sincérité des déclarations faites par l'officier public, on argue l'acte de faux *matériel* ou de faux *intellectuel*.

On distingue aussi le faux *criminel* et le faux *civil*, suivant qu'on poursuit le faussaire devant la juridiction criminelle ou qu'on attaque l'acte même devant un tribunal civil. Chacune de ces espèces de faux se subdivise elle-même en faux *principal* et en faux *incident*, de sorte que l'on peut concevoir quatre catégories de faux. Car bien qu'on rencontre le plus souvent le faux criminel principal et le faux civil incident, il n'en est pas moins certain que l'on peut trouver aussi le faux incident criminel et le faux principal civil. Il ne faut pas contre cette dernière solution tirer un argument de la forme restrictive de l'art. 214 du Code de proc., ni de la rubrique du titre XI au même Code qui ne parle que du faux incident civil. Ces indices ne sont pas concluants, ils s'expliquent parce que le faux civil est dans la pratique presque toujours incident. On ne pourrait d'ailleurs sans injustice enlever le droit d'attaquer l'acte par action principale à celui qui y a intérêt et qui n'est pas libre d'intenter l'action criminelle, puisque celle-ci est confiée à un magistrat qui ne dépend point des particuliers et auquel la partie civile peut seulement s'adjoindre. De plus lorsque le faussaire est mort et que par conséquent l'action criminelle est éteinte, il faut bien nécessairement admettre l'action principale au civil, car on ne peut forcer celui qui veut faire tomber la foi de l'acte à attendre qu'il soit attaqué sans l'exposer à perdre tous les moyens qu'il a en main.

Quelle est l'influence de la plainte en faux sur le sort de l'acte? Dans l'ancienne jurisprudence, il continuait d'être exécutoire, mais le juge pouvait ordonner que l'exécution aurait lieu sous caution. La disposition de notre art. 1319 est beaucoup plus sage. L'exécution de l'acte est toujours suspendue quand il s'agit d'une plainte en faux principal, car alors l'arrêt de mise en accusation rend le crime très-probable; dans les autres cas, les juges ont toute latitude, ils peuvent suivant les circonstances suspendre provisoirement l'exécution ou décider qu'elle aura lieu sous caution.

Remarquons que les juges pourraient sans inscription de faux préalable rejeter un acte authentique dont la fausseté ou l'altération seraient évidentes à la première inspection.

Quant à la procédure, elle est encore à peu près la même que celle qui fut réglée par le chancelier d'Aguesseau dans l'ordonnance de 1737. Sa complication tient à ce que le législateur a voulu empêcher qu'on attaquât à la légère un acte qui a pour lui une très-grande présomption de vérité. Il n'est plus nécessaire aujourd'hui que le demandeur consigne préalablement une amende, mais il doit toujours, on ne sait trop pour quelle raison, s'inscrire au greffe, s'il agit au civil.

Section III. — Des actes nuls comme actes authentiques.

Quand un acte authentique est exigé par la loi pour la validité d'une convention, comme dans le contrat de mariage et dans la constitution d'hypothèque ; ou bien quand les parties subordonnent l'existence d'un contrat consensuel à la rédaction d'un acte authentique qui le constate ; dans ces deux cas l'absence d'une solennité essentielle à l'authenticité entraîne la nullité de l'acte et de la convention. Lorsque l'acte au contraire n'est rédigé que *ad probationem*, le vice dont il est atteint produit un beaucoup moindre effet. La convention subsiste tout entière. L'acte lui-même vaut comme écriture privée s'il est signé par les parties, et s'il a au moins quelque apparence d'authencité. L'art. 1319 qui contient cette décision ne fait que reproduire une règle qui était déjà connue du temps de Dumoulin.

La force probante d'un pareil acte n'est pas même subordonnée à l'observation des formalités prescrites par les art. 1325 et 1326 pour la validité des actes sous seing privé proprement dits, c'est-à-dire à la formalité du double pour les contrats synallagmatiques, à celle du *bon pour* ou *approuvé* dans les contrats unilatéraux. Les parties n'ont pu en effet songer à remplir les solennités qui ne sont pas requises pour les actes publics. Toutefois la nécessité du double qui est rendue inutile par la conservation de la minute dans les archives du notaire, devrait reparaître si l'acte authentique avait été rédigé en brevet.

Ce serait étendre la règle trop loin que de l'appliquer même aux actes qui auraient été reçus par un officier absolument ou matériellement incompétent, et aux actes qui ne seraient même pas revêtus de la signature de cet officier. L'incompétence dont parle l'art. 1313 est l'incompétence personnelle; par incapacité il entend celle qui résulterait de la suspension ou du remplacement de l'officier public ou de sa parenté avec l'une des parties. L'acte par lequel un officier public aurait constaté une convention qui l'intéresse personnellement serait absolument sans effet.

L'art. 68 de la loi de ventôse complétant le sens de l'art. 1318, exige formellement pour qu'un acte notarié nul comme tel puisse valoir comme écrit privé, qu'il soit revêtu de la signature de toutes les parties contractantes. Par parties contractantes il faut entendre seulement celles qui contractent un engagement quelconque. Par suite, s'il s'agissait d'un contrat unilatéral, d'un prêt, par exemple, il ne serait pas nécessaire pour l'application de notre règle que le créancier ait donné sa signature. Si un acte constatant un contrat synallagmatique n'avait été signé que par quelques parties, il ne pourrait en aucune façon être invoqué contre les signataires, car la position ne serait plus égale entre elles et les parties non signataires qui pourraient selon leur intérêt ou leur caprice s'emparer de l'acte ou le repousser. Il en serait ainsi même pour un contrat unilatéral si de plusieurs codébiteurs quelques-uns seulement avaient signé l'acte. Ceux-ci seraient dans une position fort désavantageuse si l'acte pouvait produire quelque effet contre eux, car ils seraient privés d'un recours sur lequel ils avaient compté en s'obligeant; l'acte doit donc être nul pour tous, à moins que le créancier ne prouve que les non-signataires ne sont que des cautions intervenues dans son seul intérêt.

Toutefois, un acte de cette nature, signé de quelques parties, peut être en général opposé à celles-ci en qualité de commencement de preuve par écrit. Quelques auteurs ont soutenu à tort un avis contraire en ce qui concerne les conventions synallagmatiques.

CHAPITRE II.

DE L'ACTE SOUS SEING PRIVÉ.

L'acte sous seing privé est celui qui est rédigé sans l'intervention d'un officier public et sous la seule signature des parties.

Il peut servir à prouver tous les contrats de quelque nature qu'ils soient, pourvu qu'ils ne soient pas de ceux pour la validité desquels la loi exige expressément la rédaction d'un acte authentique. L'article 1341 ayant exigé qu'il soit passé acte devant notaires ou sous signature privée de toutes choses excédant la somme ou valeur de 150 francs, on comprend que les parties devront recourir très-souvent au genre d'écrit que nous étudions en ce moment, s'ils veulent, tout en évitant les frais d'un acte notarié, se procurer un moyen de prouver leur convention. Il y a même des circonstances où la rédaction d'un écrit, soit authentique, soit sous seing privé, est imposée non plus seulement *ad probationem*, mais pour la validité même du contrat ; cela se présente pour la transaction, l'antichrèse et les sociétés commerciales. En voilà assez pour montrer l'importance du sujet que nous allons traiter.

Nous examinerons dans ce chapitre : 1° les formes qui sont requises pour la validité de l'acte sous seing privé ; 2° la force probante de cet acte ; 3° le moyen employé pour en établir la sincérité quand elle est contestée, c'est-à-dire la vérification d'écritures.

Section Ire. — De la forme des actes sous seing privé.

La signature (*signum*) des parties est en principe la seule condition essentielle à la validité des actes sous seing privé. La loi ne les a soumis à aucune formalité spéciale.

Par suite, ils peuvent être rédigés en langue étrangère, sous la condition d'être accompagnés d'une traduction si on les présente à l'enregistrement. Ils peuvent même être écrits au crayon. La loi du 13 brumaire an VII prescrit pour eux l'emploi du papier timbré sous peine d'une amende de 30 francs (art. 26, 3°), mais c'est une prescription purement fiscale qui n'a aucune influence sur la validité de l'acte. L'enregistrement ne leur est imposé que lorsqu'ils doivent être produits en justice. S'ils contiennent des surcharges, interlignes, renvois ou apostilles non paraphés ni approuvés, ils ne sont pas pour cela frappés de nullité, pourvu, bien entendu, que la signature de la partie à laquelle on oppose ces surcharges, interlignes, etc..., s'y applique, ce qui devra résulter des circonstances.

Ils peuvent être écrits par toute autre personne que les parties contractantes et même par des notaires ou autres officiers publics, contrairement à ce qui était autrefois défendu par une déclaration du roi du 19 mars 1693. Il n'y a d'exception que pour les testaments olographes.

La date elle-même n'est pas rigoureusement requise, au moins quant aux rapports des parties entre elles. C'était, nous nous en souvenons, la même chose en droit romain. Il serait néanmoins imprudent de l'omettre dans beaucoup de cas. Sans elle, les délais de la prescription ne pourront pas courir. Et si l'acte est souscrit par un incapable, la date le sauvegardera, car elle sera réputée vraie, tant que le demandeur n'aura pas fait la preuve contraire. Il y a néanmoins certains cas où elle est nécessaire, même entre les parties, pour la perfection de l'acte. Il en est ainsi pour les testaments olographes, les lettres de change, les billets à ordre, les endossements et les contrats d'assurances. L'antidate du reste n'est considérée comme fait punissable que dans l'endossement d'un titre transmissible. L'indication du lieu est la plupart du temps inutile, à moins qu'elle ne soit nécessaire comme dans les lettres de change, pour fixer le change d'un lieu à un autre.

Enfin la mention que les parties ont lu l'acte signé par elles n'est pas non plus obligatoire, mais il faut pourtant que cette lecture ait eu lieu ou ait pu avoir lieu : serait donc nulle et considérée comme non avenue la signature apposée à un écrit privé par un aveugle (Pau, 8 août 1808).

Par tout ce que nous venons de dire, il est facile de voir que si la loi n'a pas rigoureusement prescrit de formalités pour la validité des actes sous seing privé, il y en a pourtant qui par suite des circonstances deviennent indispensables ou tout au moins utiles. Au demeurant, si l'acte doit dans certains cas être considéré comme nul, sa nullité n'entraînera aucunement la nullité de la convention elle-même, et à défaut d'écrit pour la prouver, il restera toujours au moins la ressource de l'aveu, du serment, de l'interrogatoire sur faits et articles et même de la preuve testimoniale dans les cas où elle est permise.

Reste donc la signature comme seule condition essentielle. (Nous avons déjà dit plus haut en quoi elle consiste.) Comme elle est seule exigée, il s'ensuit qu'on peut la donner en blanc avant la rédaction des conventions. C'est ce qu'on appelle un *blanc seing ;* la pratique peut en être dangereuse, mais elle n'est pas répréhensible en elle-même. Quand l'acte est rempli, le signataire du blanc seing est obligé, tout comme s'il n'avait signé qu'après la confection du corps d'écriture. Ces actes sont-ils permis sous notre législation ? Evidemment oui, puisque le Code pénal (art. 407) prévoit les abus qu'on en peut faire. L'abus commis par celui à qui l'acte a été remis, constitue un abus de confiance, et n'empêche pas que le signataire ne soit engagé envers les tiers qui ont contracté de bonne foi. Celui commis par un tiers qui aurait, par exemple, soustrait l'acte, constitue un faux qui peut être prouvé par tous les moyens et dont le signataire n'a pas à supporter les conséquences.

La remise des blancs seings, de même qu'un dépôt ou un mandat, ne peut être prouvée que par écrit, s'il s'agit d'une chose excédant 150 francs. Cette règle, toutefois, n'est pas applicable aux commerçants; les patrons qui remettent souvent à leurs commis des actes de ce genre, seront donc dispensés de la preuve écrite.

— Les principes généraux que nous venons de poser sont profondément modifiés par les art. 1325 et 1326 du Code civil. Ces articles soumettent à des règles particulieres les actes dressés pour constater soit des contrats synallagmatiques, soit des contrats unilatéraux ayant pour objet une obligation de payer une certaine somme ou une chose appréciable, s'estimant au nombre, au poids ou à la mesure. Ceux qui restent sous l'application des règles ordinaires sont seulement les actes dressés pour constater soit les conventions unilatérales ayant pour objet une obligation de faire ou de livrer un objet individuellement déterminé, soit un payement.

La formalité prescrite par l'art. 1325 pour les actes contenant des conventions synallagmatiques est celle du double écrit; celle qui fait l'objet de l'art. 1326 pour les contrats unilatéraux, consiste dans l'apposition d'un *bon pour* ou *approuvé*. Nous allons les étudier séparément dans les deux paragraphes qui suivent.

§ 1. — *De la formalité du double écrit.*

« Les actes sous seing privé qui contiennent des
» conventions synallagmatiques ne sont valables
» qu'autant qu'ils ont été faits en autant d'originaux
» qu'il y a de parties ayant un intérêt distinct....
» Chaque original doit contenir la mention du nom-
» bre des originaux qui ont été faits. » Telle est la
disposition de l'art. 1325. La double formalité qu'elle
consacre fut introduite autrefois par plusieurs arrêts
du Parlement de Paris dont le premier est du
30 août 1736. La sanction qu'elle avait alors consistait non-seulement dans la nullité de l'acte, mais
aussi dans celle de la convention qui y était relatée,
et cela par suite d'une confusion singulière entre le
lien juridique résultant d'un contrat et la preuve de
l'existence de ce contrat. Aujourd'hui elle se trouve
restreinte, et avec raison, à la nullité de l'écrit ; le
contrat lui-même survit, susceptible d'être prouvé
selon les règles ordinaires : cela résulte du texte même
de l'art. 1325 qui ne parle que des actes.

Quelle est la raison de la formalité du double
écrit? En fait, cette formalité est fondée sur deux
idées principales : la première, c'est que les contrats
synallagmatiques créant des obligations au profit de
chacune des parties, il faut que chacune d'elles ait les
mêmes moyens de contraindre l'autre à exécuter son
engagement, et que s'il n'y a qu'un original de la convention, celle des parties qui le détient est dans une
position beaucoup plus favorable que l'autre, puis-

qu'elle peut, suivant son caprice ou son intérêt, annuler ou faire valoir le contrat; la seconde, c'est que si un tel acte n'a pas été fait double, on peut croire (nous ne disons pas présumer, ce serait aller trop loin) avec quelque apparence de raison que la convention est demeurée à l'état de simple projet; que si elle avait été définitivement conclue, la partie qui aujourd'hui n'a pas de titre, n'aurait pas manqué de se faire remettre un second original pour se trouver en mesure d'en faire la preuve.

Ni l'une ni l'autre de ces idées n'est juste. Contre la première on répond qu'il n'est pas défendu à une partie de se mettre à la merci de l'autre et que celle qui s'y met est toute seule responsable des suites de sa trop grande confiance. Contre la seconde on objecte que la supposition qu'elle forme est invraisemblable, car comment imaginer qu'on signe un acte qui n'est qu'un projet? et que logiquement elle devrait avoir pour conséquence la nullité non de l'acte, mais de la convention elle-même. Quelques auteurs ont discuté sur le point de savoir laquelle de ces deux idées avait principalement pesé dans l'esprit du législateur. Pour nous, nous ne tenterons pas d'approfondir ce mystère, car la solution ne nous paraît pas être d'une grande importance.

Quant à la mention de l'accomplissement de cette solennité, la loi l'exige dans la crainte que l'une des parties, détruisant l'original qu'elle détient, ne puisse ensuite se prévaloir de l'inobservation des prescriptions légales.

Quoi qu'il en soit au reste de l'utilité de ces formes, on peut au moins reconnaître qu'elles constituent une précaution exorbitante qui peut même donner lieu à des fraudes contre ceux qui, ignorant la loi, croiraient l'autre partie sérieusement engagée par sa signature sur un original unique. Mais heureusement ces prescriptions sont assez généralement connues.

L'art. 1325 n'a en vue que les contrats synallagmatiques, c'est-à-dire ceux qui produisent des engagements réciproques. Il faut néanmoins s'attacher beaucoup plus à la nature de l'engagement qu'à la dénomination de l'acte. Aussi l'article ne serait pas applicable, si l'une des parties contractantes avait dès avant la rédaction de l'acte exécuté toutes ses obligations; alors l'autre partie n'aurait aucunement besoin d'avoir un original. Cela a lieu pour une vente quand elle se fait au comptant ou que l'acheteur est déjà antérieurement en possession de la chose. Les contrats synallagmatiques imparfaits, tels que le mandat ou le dépôt, ne sont pas non plus soumis à ces règles, encore qu'un salaire ait été stipulé par le mandataire ou le dépositaire. Il en est de même à plus forte raison des contrats purement unilatéraux, comme le cautionnement, les reconnaissances de dette, arrêtés de compte, promesses unilatérales de vendre ou d'acheter; mais il pourrait se faire, cela est important à remarquer, qu'une convention unilatérale de sa nature prît en raison des circonstances qui l'accompagnent, le caractère d'un contrat synallagmatique. C'est ce qui aurait lieu, par exemple, si un créancier en retour du cautionnement qu'on lui accorde s'engageait à suspendre un moment ses poursuites contre le débiteur.

L'art. 109 du Code de commerce établissant un

système particulier de preuve pour les actes de commerce, il en résulte que ces actes, qu'ils soient ou non passés entre commerçants, échappent aux règles rigoureuses de l'art. 1325. Quant aux actes qui sans être des actes de commerce sont cependant réglés par le droit commercial, faut-il les soumettre à la formalité du double, s'ils sont synallagmatiques? Oui, sans doute, l'argument *a contrario* que l'on serait tenté de tirer de l'art. 39 relatif aux sociétés commerciales ne peut être accepté, car il nous éloignerait du droit commun.

Nous voyons qu'il faut autant d'originaux qu'il y a de parties ayant *un intérêt distinct*, qu'un original suffit pour toutes les personnes ayant *le même intérêt*. Que faut-il entendre par là? Les parties ont un intérêt distinct, quand elles ont dès le principe des obligations réciproques les unes à l'égard des autres. Exemple : des personnes qui se réunissent pour former une société. Elles ont un même intérêt, quand elles jouent dans la convention le rôle d'une seule et même partie, quand bien même l'exécution de cette convention devrait par la suite faire surgir entre eux des intérêts opposés. Exemple : des associés traitant avec un tiers pour les affaires de la société. La femme qui s'oblige solidairement avec son mari doit-elle être considérée comme ayant un intérêt distinct? La Cour de cassation (23 août 1853) a décidé l'affirmative en se fondant sur ce que notre article ne distingue pas si l'opposition d'intérêt existe dans les rapports d'une des parties avec toutes les autres ou avec une seule.

Il n'est pas absolument nécessaire comme pour les

actes notariés que la signature de toutes les parties se trouve sur chacun des originaux de l'acte. Il suffit que les originaux qui sont entre les mains de chacune d'elles portent la signature de toutes les autres.

Il ne faut pas non plus rigoureusement que le nombre des originaux soit indiqué, il suffirait de dire que l'acte a été fait en autant d'originaux qu'il y a de parties intéressées.

Si cette mention se trouvait mensongèrement ajoutée à un acte rédigé en un seul original, et que le mensonge fût reconnu, elle n'empêcherait pas la nullité de l'acte. Réciproquement le défaut de mention n'est pas couvert par le fait de la rédaction en double, car il met les parties dans la même position que si ce double n'avait pas été exécuté. Mais il est bien évident qui si les deux doubles étaient volontairement représentés, la nullité ne serait pas encourue.

Du reste l'acte sous seing privé qui n'a pas été rédigé en double ne perd pas pour cette raison absolument toute autorité. Certainement il ne pourra pas servir à faire une preuve complète, ni même à faire courir la prescription de 10 à 20 ans, mais au moins il pourra suivant les circonstances être considéré comme formant un commencement de preuve par écrit contre la partie qui l'aura signé. Il renferme en effet les deux conditions qui sont requises pour cela : il émane du défendeur, il peut rendre vraisemblable la conclusion de la convention. Ce dernier caractère résultera de la solution d'une question de fait remise à l'appréciation des tribunaux. Notre solution paraît contraire à cette idée que nous indiquions plus haut comme ayant guidé le législateur savoir que l'absence du double donne raison de croire qu'au lieu d'une convention il n'y a eu qu'un simple projet. Mais cette supposition, nous l'avons fait remarquer tout d'abord, ne peut être érigée en présomption légale; on lui laisse produire un certain effet, puisque grâce à elle l'acte est dépouillé du pouvoir de faire preuve complète, et l'on ne peut en fin de compte logiquement se refuser à reconnaître à cet acte tel qu'il est la même force au moins qu'à des lettres missives qui, aux termes de l'art. 1347, peuvent former un commencement de preuve par écrit. (Limoges, 29 fév. 1844. — Nîmes, 18 nov. 1851.)

Indépendamment de ce commencement de preuve par écrit, la convention pourra encore être prouvée par l'aveu, l'interrogatoire sur faits et articles, et le serment. Quant au serment, on a quelquefois nié qu'il pût être déféré à la partie non pourvue d'écrit. Ce serait, dit-on, la mettre dans une position inférieure à celle de son adversaire, car on conçoit difficilement qu'elle jure ne pas être obligée en présence d'un écrit qui porte sa signature. Cette objection n'est pas sérieuse. D'abord il s'agit d'examiner non la position morale, mais la position légale des parties; or, là, cette position légale est la même pour tous les deux, puisque le défendeur a son sort entre les mains. Et puis, si son allégation est sincère, pourquoi hésiterait-il à jurer qu'il ne s'est pas engagé? Ce qu'il fait sous la forme d'une simple affirmation, pourquoi ne le ferait-il pas sous la forme du serment?

Dans l'ancienne jurisprudence, cette question ne se posait pas, puisque le défaut de formes emportait la nullité de la convention ; cette nullité n'était même pas couverte alors par l'exécution ultérieure, Il en est autrement aujourd'hui pour les vices de l'acte. L'exécution ultérieure soit totale, soit même partielle, écarte la supposition qu'il n'a existé entre les parties qu'un simple projet de convention. Le défaut de mention est alors sans effet, cela résulte textuellement du dernier alinéa de notre article; et il en est de même du défaut de rédaction en double, car il n'y a aucun motif pour distinguer entre les deux cas et créer une exception au principe général que l'exécution volontaire d'un contrat vaut confirmation (1338).

Toutefois, si la convention n'a été exécutée que par l'une des parties, l'autre partie conserve le droit d'opposer le vice de l'acte. Mais cette hypothèse ne se présentera que fort rarement, car, en général, les faits d'exécution sont communs aux deux parties. Néanmoins il n'est pas impossible de citer des cas où elle se rencontre : il en est ainsi quand accessoirement à une obligation principale, il y a eu une stipulation faite au profit d'un tiers; ou bien quand, par un compromis, deux personnes sont convenues de remettre leurs pièces à un arbitre.

Un autre moyen de couvrir la nullité résultant de l'omission des formalités prescrites par l'art. 1325, c'est de déposer l'acte entre les mains d'un notaire ou d'un tiers. On ne peut plus dire dès lors qu'il est à la disposition d'une seule des parties, car le notaire doit le conserver et le tiers ne pourra le rendre que de l'accord commun de tous les déposants. Si le dépôt est fait par toutes les parties ou en leur nom, le vice est purgé pour toutes. S'il n'est fait que par l'une d'elles, l'irrégularité n'est couverte qu'à son égard ; et même dans ce cas s'il a lieu entre les mains d'un simple tiers, il ne produit aucun effet.

La notification du dépôt ou même la déclaration d'acceptation du contrat faite par une partie à l'autre n'enlèverait pas à celle-ci le droit d'opposer les vices de l'acte.

Si l'acte avait été fait double, mais que les deux originaux fussent restés entre les mains d'un seul contractant, il faudrait en suivant l'esprit de la loi appliquer la sanction de l'art. 1325. (Seine, 23 juillet 1859.)

L'écrit rédigé en dehors des prescriptions de l'art. 1325 étant nul *ab initio*, il ne peut être purgé par le délai de 10 ans de l'art. 1304.

S'il était fait à l'étranger entre Français, la règle : *locus regit actum* ne le dispenserait pas de l'observation de ces règles, car outre la question de forme, il y a une question de preuve qui reste tout entière soumise à la loi française.

§ 2. — *De la formalité du* BON POUR *ou* APPROUVÉ.

L'art. 1326 dispose que « le billet ou la promesse
» sous seing privé par lequel une seule partie s'en-
» gage envers l'autre à lui payer une somme d'ar-
» gent ou une chose appréciable, doit être écrit en
» entier de la main de celui qui le souscrit, ou du
» moins il faut qu'il ait écrit de sa main un *bon* ou un
» *approuvé*, portant en toutes lettres la somme ou
» quantité de la chose. »

L'origine de cette disposition remonte à la déclaration du 22 septembre 1733, qui avait eu pour but de remédier aux abus qu'on faisait des blancs seings ; Elle tend à protéger les emprunteurs et les personnes trop confiantes qui signent un écrit sans en lire attentivement le contenu.

Disons de suite la double critique dont elle a été l'objet. On lui a reproché d'abord de permettre à un débiteur de mauvaise foi de refuser le payement d'un billet où le créancier aurait omis par mégarde ou par ignorance de faire insérer la formule. Cette remarque est vraie, mais à l'heure qu'il est, ce fait ne se présentera pas souvent, et d'ailleurs un billet privé de cette approbation n'est pas absolument sans autorité, comme nous le verrons plus tard. On a fait remarquer en outre que la fin de l'article établissait une exception qui détruisait presque l'utilité de la règle. Nous reviendrons à cette objection quand nous traiterons de l'exception elle-même.

Il ne faudrait pas croire que notre article reproduit exactement la disposition de l'ancienne déclaration de 1733. Son application est beaucoup plus large : tandis que la déclaration s'appliquait seulement «   aux » billets sous signature privée au porteur, à ordre » ou autrement causés pour valeur en argent, » notre article s'étend aujourd'hui non plus seulement aux billets, mais en général à toutes les promesses par lesquelles une seule partie s'engage envers l'autre à lui payer une somme d'argent *ou une chose appréciable*, c'est-à-dire une chose facilement réalisable, comme des denrées ou des marchandises s'estimant par le nombre, le poids, la mesure. De plus, le défaut de cette formalité entraînait la nullité, non pas de la convention elle-même, mais de l'acte, et il était alors défendu au juge d'ordonner le payement; l'art. 1326, au contraire, ne prononce pas de nullité, l'acte reste valable, mais il ne peut plus faire à lui seul une preuve complète, et le juge en tire les inductions qu'il veut.

Ces expressions de l'art. 1326 « par lequel une *seule* partie s'engage » ne doivent pas être prises à la lettre; elles s'entendent de toute promesse unilatérale, qu'elle soit sosucrite par un seul ou par plusieurs, on a voulu seulement employer un terme qui fût opposé à « convention synallagmatique. » Si plusieurs débiteurs s'engagent conjointement ou solidairement, il faut donc que chacun d'eux mette de sa main le *bon pour* ou *approuvé*, quand même l'acte serait écrit en entier par l'un des engagés; ceux-là seuls seraient obligés qui auraient rempli cette formalité. Il en doit être ainsi notamment quand une femme mariée s'engage avec son mari.

La loi, pour plus de garantie, exige une approbation en toutes lettres indiquant la somme ou la *quantité* de la chose. Cette prescription suppose que la quantité de la chose pourrait être désignée par des chiffres, cela confirme l'interprétation que nous avons donnée du mot *chose appréciable* auquel se rapporte évidemment le mot *quantité*. L'art. 1326 ne s'applique donc pas aux promesses de choses indéterminées; exiger, pour ces sortes de promesses une approbation en termes généraux serait étendre outre mesure une disposition tout exceptionnelle. Du reste, on a remarqué que l'abus des blancs seings ne se produisait guère pour ce genre d'engagement. Notre article est aussi étranger aux quittances.

Mais pour toutes les autres promesses unilatérales, il faut appliquer très-largement l'art. 1326. Ainsi les actes de reconnaissance de dépôt, de cautionnement, les arrêtés de compte par lesquels une partie s'oblige à payer un reliquat, sont soumis, de l'avis de la plupart des auteurs, à la formalité dont nous parlons, quand même ces conventions seraient relatées dans un acte auquel les parties auraient donné la forme d'un contrat synallagmatique. Il en est de même des constitutions de rente qui sont en général plutôt considérées comme des prêts que comme des ventes. La même règle doit être suivie quand une promesse unilatérale se trouve enfermée dans un acte constatant une convention synallagmatique, si, par exemple, dans un bail sous seing privé, le preneur est reconnu débiteur d'avances faites par le bailleur.

Les lettres de change, par quelques personnes qu'elles soient souscrites sont dispensées de la formalité du *bon pour* ou *approuvé*, à moins qu'à raison de certaines circonstances, elles ne doivent être reputées simples promesses. Les billets à ordre ou au porteur n'en sont dispensés qu'autant qu'ils sont souscrits par des commerçants, mais dans l'usage leur endossement en est toujours affranchi.

La sanction de l'article consiste en ce que l'acte perd la force probante qui s'attache en général aux actes sous seing privé reconnus. L'annuler serait souvent favoriser des débiteurs de mauvaise foi, la loi ne pouvait admettre ce résultat. Il pourra donc être rejeté par le juge ou admis comme formant un commencement de preuve par écrit, et dans ce cas il rendra admissibles les simples présomptions et la délation du serment supplétoire.

On a discuté sur le point de savoir si le serment décisoire pouvait être déféré au signataire d'une promesse unilatérale non revêtue du *bon pour* ou *approuvé*. La raison de douter est que la déclaration de 1773 accordait expressément cette faculté et que le Code Napoléon n'a pas reproduit cette disposition ; mais il est facile de se rendre compte de cette différence dans les deux législations. Si la déclaration de 1733 a cru devoir s'expliquer formellement à l'égard du serment, c'est qu'elle avait défendu aux juges d'ordonner le payement des billets irréguliers et qu'après une défense aussi expresse, elle pouvait craindre que les juges n'osassent pas permettre la délation du serment. L'art. 1326 n'ayant pas déclaré nuls les billets faits en dehors de ses prescriptions n'avait pas besoin de prendre cette précaution. D'ailleurs pourquoi aurait-il parlé du serment, puisque dans la section suivante, les art. 1358 et 1360 nous apprennent qu'il est permis de déférer le serment sur quelque contestation que ce soit et sans commencement de preuve ? Il faut donc sans hésiter faire à notre espèce l'application de ces principes généraux.

De même que sur l'art. 1325, nous déciderons qu'il n'y a pas lieu d'appliquer l'art. 1304 aux actes dans lesquels on a omis les formalités prescrites par l'art. 1326. Ces actes ne peuvent jamais servir de preuve complète, après quelque laps de temps qu'ils soient produits.

Le vice de forme ne serait même pas couvert par l'exécution partielle de l'obligation, car cela ne pourrait empêcher le débiteur de contester le chiffre total de la dette ; il n'y a aucun argument d'analogie à tirer du deuxième alinéa de l'art. 1325, car les deux hypothèses prévues n'ont aucune espèce de rapport.

L'art. 1327 n'offre aucune difficulté : « Lorsque la somme mentionnée au corps de l'acte est différente de celle exprimée au *bon*, l'obligation est présumée n'être que de la somme moindre, lors même que l'acte ainsi que le *bon* sont écrits en entier de la main de celui qui s'est obligé, à moins qu'il ne soit prouvé de quel côté est l'erreur. » C'est l'application de ce principe de la loi 9 au Dig., *De regulis juris : Cæteris paribus, semper in obscuris, quod minimum est sequimur*. Pothier avait déjà admis cette décision.

La fin de l'article vient apporter à la règle une exception fort importante, en dispensant de la formalité les actes qui émanent de « marchands, artisans, laboureurs, vignerons, gens de journée et de service. »

Par « marchands » on entend tous les commerçants, négociants, banquiers ou fabricants. Sous la dénomination de « laboureurs » il faut faire rentrer tous ceux qui cultivent par eux-mêmes ou leurs propres terres ou celles des autres.

Pour les commerçants, l'exception s'explique très-bien à cause du grand nombre de signatures qu'ils ont à donner et de la grande facilité qui leur est généralement accordée. Mais en ce qui concerne les artisans, laboureurs, vignerons, etc., on a prétendu que la dispense qui leur était accordée enlevait à la règle toute son utilité, puisqu'elle soustrayait à sa protection les personnes qui, en raison de leur faiblesse et de leur inexpérience, en ont le plus grand besoin. Elle peut très-bien se justifier cependant. Que les gens les plus ignorants soient plus faciles que d'autres à induire en erreur, cela peut s'admettre en principe, mais il n'en est pas ainsi en notre matière ; les personnes dont parle notre article ne signent en général les actes qui les intéressent qu'avec beaucoup de précautions, et ils n'ont pas l'habitude de délivrer des blancs seings. Remarquons, en outre, que la plupart du temps ces personnes ne savent écrire que leur nom et que les soumettre à la règle commune, serait ou les empêcher de conclure des opérations utiles ou les obliger de recourir pour les actes les plus simples au ministère dispendieux du notaire.

L'exception ne s'étend pas de plein droit aux femmes de ces personnes. Pour la femme du commerçant, qui n'est pas elle-même marchande publique, cela ne souffre aucune difficulté ; mais pour les autres on peut, en s'appuyant sur l'esprit de la loi, donner une autre décision. En effet, la présomption d'ignorance n'est-elle pas aussi fondée à l'égard de la femme qu'à l'égard du mari? N'est-il pas permis d'étendre dans une juste mesure une exception qui ramène au droit commun? Quoi qu'il en soit, la jurisprudence maintient énergiquement son principe, mais elle reconnaît assez facilement dans certaines circonstances que la femme participe à la profession de son mari.

Pour savoir si le souscripteur d'un billet peut user de l'exception dont nous parlons, il faut uniquement considérer quelle était sa qualité au moment de la confection de l'écrit, et non pas ce qu'elle est devenue au moment de l'échéance.

La jurisprudence a souvent décidé que la dispense subsistait même après que ces personnes avaient cessé d'exercer la profession qui y avait donné naissance, à moins qu'ils ne l'eussent quittée pour en embrasser une autre qui supposât des connaissances plus étendues. Cette doctrine est très-raisonnable pour le cas où l'exception est fondée sur un motif d'ignorance présumée, mais elle ne devrait pas être appliquée aux ex-commerçants.

— C'est à propos des actes sous seing privé, constatant des contrats unilatéraux, qu'on se demande si la cause de l'engagement doit être expressément mentionnée dans l'acte. (La question ne peut guère s'élever pour un acte authentique où la cause est toujours supprimée.) L'art. 1132 nous répond que la convention, ou plutôt l'acte, « n'en n'en est pas moins » valable bien que la cause soit ne pas exprimée. » Si donc l'acte est muet sur la cause, ce sera au débiteur à prouver qu'il s'est engagé sans cause ou sur fausse cause. Le créancier n'a rien à faire, car il a pour lui l'aveu qui résulte de l'acte lui-même. C'est le système de la jurisprudence, et les objections et distinctions qu'on a proposées dans un autre sens ne sont pas acceptables.

Section II. — De la force probante des actes sous seing privé.

« L'acte sous seing privé, reconnu par celui auquel
» on l'oppose, ou légalement tenu pour reconnu, a
« entre ceux qui l'ont souscrit et entre leurs héritiers

« ou ayants cause, la même foi que l'acte authenti-
« que. » Tels sont les termes de l'art. 1322. Cet
article a aussi confondu la force probante des actes
sous seing privé avec les effets de la convention qu'ils
constatent. Aussi, malgré l'énumération restrictive
qu'il nous donne des personnes entre lesquelles l'acte
fait foi, nous dirons que l'acte sous seing privé reconnu ou tenu pour reconnu, prouve à l'égard de
tous, même des tiers, que telle convention est intervenue. Il a aussi, relativement à la sincérité de la
convention ou du fait juridique qu'il a pour objet de
constater et des énonciations qui y sont relatives, la
même foi que l'acte authentique.

Remarquons toutefois que, même entre les parties, il ne fait jamais foi que jusqu'à preuve contraire et non jusqu'à inscription de faux. Cela tient
à ce qu'il n'offre pas la garantie résultant du caractère de l'officier public et de la sévérité de la peine à
laquelle il s'expose en cas de faux intellectuel ; car le
faux en écriture privée est puni moins sévèrement
que le faux en écriture publique (C. pr., art. 145 et
150 du Code pénal). Celui à qui on oppose un acte
sous seing privé n'est donc pas obligé de s'inscrire en
faux pour faire tomber la foi de cet acte : il peut se
contenter de le méconnaître, et c'est alors au demandeur à fournir la preuve de sa sincérité. Nous reviendrons sur l'administration de cette preuve en traitant
de la vérification des écritures.

Mais dans la preuve d'une convention, outre la
preuve de la convention elle-même, de sa nature, de
son objet, il faut aussi prouver la date ; c'est, en effet,
en déterminant exactement l'époque à laquelle tel acte

a été passé qu'on tranchera toutes les difficultés relatives à cet acte.

Nous allons d'abord examiner comment l'acte fait foi de sa date entre les parties, en distinguant sur ce point selon qu'elles figurent elles-mêmes au contrat ou qu'elles agissent par mandataire.

Supposons que les parties figurent elles-mêmes au contrat. La question de date ne peut se poser qu'autant que la partie a perdu la capacité dont elle jouissait lors de la convention ou que l'acte n'a pu être fait à tous les moments de la vie du souscripteur. L'époque de sa confection est alors une condition de sa validité. Dans ces circonstances, nous croyons que l'art. 1322 est applicable et que l'acte doit faire foi jusqu'à preuve contraire (non pas jusqu'à inscription de faux) à l'égard du souscripteur. Décider autrement serait considérer en quelque sorte le souscripteur comme tiers par rapport à lui-même, et outre que cette solution répugnerait au sens naturel des mots, elle serait en opposition avec le texte de l'art. 1322 qui n'a eu d'autre objet que de préserver les personnes contre la fraude d'autrui et non point contre celle dont elles peuvent avoir été elles-mêmes complices au moyen d'une antidate.

De la il résulte:

1° Que le mineur ne doit pas être admis, dans le cas de l'art. 472 du C.N., à demander la nullité du traité qu'il aurait fait avec son tuteur, sous prétexte que le récépissé qu'il lui aurait donné n'aurait point été enregistré dix jours au moins avant la passation du traité. Ce sera donc à lui à prouver l'antidate, et comme celle-ci tend à établir une fraude à la loi, la preuve pourra être faite par tous les moyens.

2° Que les actes sous seing privé souscrits par un individu frappé postérieurement à leur date d'une incapacité résultant de l'interdiction légale ou judiciaire ou du mariage feront foi de leur date à son égard quoiqu'ils n'aient pas reçu date certaine antérieurement à son incapacité. Jusqu'en 1842 la jurisprudence avait soutenu un avis opposé à celui que nous énonçons, sous l'influence surtout de cette idée que pour l'interdiction, par exemple, un interdit aurait au moyen de l'antidate de la faculté rendre illusoire son interdiction. Mais elle exagérait ainsi au grand détriment des tiers la protection due aux incapables et elle ne tenait pas compte de ce principe que la présomption milite en faveur du titre et que la fraude ne se présume pas ; et surtout elle se mettait en contradiction absolue avec l'art. 1410 au titre du contrat du mariage qui décide que la femme mariée peut être poursuivie sur la nue propriété de ses immeubles personnels en vertu d'actes n'ayant pas date certaine avant le mariage ; ici encore ce sera donc au défendeur à établir l'antidate, soit par témoins, soit par présomptions.

Supposons maintenant que celui contre lequel l'acte est invoqué y a seulement été représenté par l'intermédiaire d'un mandataire conventionnel judiciaire ou légal. Le mandant peut-il se dire tiers par rapport aux actes de son mandataire qui n'ont pas reçu date certaine avant l'exécution du mandat ? La jurisprudence est unanime pour décider la négative et imposer au mandant la charge de prouver l'anti-

date. Cependant plusieurs objections sont présentées :
Le mandant, dit-on, ne doit être considéré comme
partie contractante qu'autant que le mandataire a
agi dans les limites de son mandat. Or, c'est à la partie qui demande l'exécution de l'acte à prouver qu'il
est opposable au mandant en établissant qu'il y a eu
mandat et que l'acte est dans les limites du mandat
par sa nature comme par l'époque à laquelle il a été
passé. Cette dernière preuve, il ne peut la faire qu'en
prouvant un des faits de l'art. 1328. On ajoute que
le système de la jurisprudence conduit à donner à un
mandataire révoqué le moyen d'obliger son ex-mandant à l'aide d'une simple antidate dans les actes
qu'il consentirait indûment en son nom. Mais ces
objections ne sauraient nous faire adopter un autre
système. Il ne faut pas seulement considérer l'intérêt
du mandant, il faut aussi voir l'intérêt général et les
relations de la vie civile auxquelles la nécessité d'une
date certaine ne doit pas apporter d'entraves. Il est
du reste impossible de considérer le mandant comme
un tiers, et ceci nous le prouverons surabondamment
quand nous établirons tout à l'heure ce qu'il faut
entendre par tiers en matière de preuve.

Remarquons que notre question ne s'élève pas
quand le mandat prend fin par la mort du mandataire, car la date des actes par lui passés devient par
là même certaine; il faut supposer un autre mode de
révocation. La mort du mandant au contraire, bien
qu'on le considère comme souscripteur de l'acte, ne
confère pas de date certaine, car elle n'empêche pas
les antidates.

Il faut assimiler aux parties elles-mêmes les héritiers ou successeurs universels de ces parties en tant qu'ils agissent ou sont recherchés en cette qualité. L'art. 1322 le décide ainsi, et c'est du reste un principe général que les héritiers sont tenus de toutes les obligations de celui dont ils continuent la personne. Les actes sous seing privé feront donc foi de leur date jusqu'à preuve contraire à leur égard, encore que ces actes, soit à cause de leur nature, soit à cause des variations de la capacité de la partie, n'aient pu être faits que pendant un temps déterminé de la vie de leur auteur. C'est ainsi qu'un acte sous seing privé constitutif de rente viagère fait foi de la date à l'égard des héritiers du crédi-rentier qui voudraient revendiquer la chose en échange de laquelle la rente a été constituée, bien qu'il n'ait pas acquis date certaine avant les vingt jours qui ont précédé la mort de cette personne.

Néanmoins les actes sous seing privé souscrits par le défunt n'ont date certaine à l'égard de l'héritier bénéficiaire qui se présente comme créancier ou successeur à titre particulier de ce dernier qu'à dater de son décès, à moins qu'ils ne l'aient acquise antérieurement. De plus les héritiers, quels qu'ils soient, quand ils attaquent un acte en vertu d'un droit qui leur appartient de leur propre chef, par exemple d'un droit de réserve, ne sont plus les ayants cause du défunt et peuvent par conséquent se prévaloir de l'art. 1328. Les actes sous seing privé font aussi foi de leur date contre les créanciers des parties, quand ils ne font pas valoir d'autres droits que ceux de leur débiteur. C'est ainsi que les actes sous seing privé faits par un failli avant l'ouverture de la faillite sont opposables à ses créanciers quoiqu'ils n'aient pas acquis date certaine avant le jugement déclaratif.

Arrivons maintenant aux ayants cause des parties et demandons-nous d'abord ce qu'il faut entendre par tiers dans l'art. 1328? Il n'est pas besoin d'un long examen pour se convaincre que le mot *tiers* ne peut avoir en notre matière le même sens qu'en ce qui touche le fond du droit. Sous ce dernier les tiers sont ceux qui sont étrangers à l'acte, *penitus extranei*, quelle qu'en soit la date. Les tiers dont parle l'art. 1328 ont au contraire intérêt à discuter la date des titres qu'on leur oppose ; ils ne sont donc tiers que par rapport à une époque déterminée et non pas dans toute l'acception du mot. Si l'on prend les différents textes qui renferment les déductions du principe posé dans l'art. 1328, c'est-à-dire les art. 1410, 1558, 1473 du C. N. et 684 du Code de proc. civile, on arrive facilement à reconnaître que les tiers dont il s'agit sont des personnes contre lesquelles la convention ne devait pas dès l'origine recevoir son exécution et qui ne viennent à être liées par elles que par suite d'une circonstance étrangère ; ce sont, en d'autres termes, ceux qui ont succédé au signataire de l'acte antérieurement à la convention que l'acte constate.

On entend par ayants cause, dans le sens que leur donne l'art. 1322, ceux qui ont succédé à un titre quelconque au signataire de l'acte, mais postérieurement à la convention qui y est relatée, *qui post factum venerunt in causam suam* : ceux-ci doivent respecter l'acte, car leur auteur n'a pu leur transmettre plus de droits qu'il n'en avait lui-même. La distinction des tiers et des ayants cause est donc une question de priorité. On est l'ayant cause d'une personne pour tous les actes qu'elle a passés jusqu'au jour où elle a contracté avec vous et un tiers pour tous ceux qu'elle passera postérieurement.

Le successeur à titre particulier doit-il être considéré comme un ayant cause du signataire de l'acte sous seing privé ou bien comme un tiers? Il faut décider que ce successeur n'est l'ayant cause de son auteur que pour les actes antérieurs à la date de l'écrit sur lequel repose son droit, et que l'acte sous seing privé non pourvu d'une date certaine ne fera pas foi de sa date contre lui en tant qu'on voudrait lui opposer les conventions ou déclarations contenues dans cet acte comme étant antérieures à son propre titre.

La question s'est élevée, notamment avant la loi du 23 mars 1855, au sujet de l'espèce suivante. Deux individus, Primus et Secundus, se disputent la propriété d'un immeuble qu'ils ont acheté d'un même vendeur. L'un d'eux, Primus, pour appuyer sa prétention, invoque un acte authentique qui a date certaine ; Secundus se prévaut d'un simple acte sous seing privé dont la date est antérieure, mais n'a été confirmée par aucun des événements prévus par l'art. 1328. Secundus peut-il opposer son titre à Primus? Dans notre système, nous répondrons négativement; rien ne prouve que le titre de Primus n'a pas été antidaté ; pour y ajouter foi, il faudrait prouver qu'il est bien réellement antérieur à l'acte authentique et le faire en établissant un des cas prévus par l'art. 1328, mais nous avons supposé que notre espèce se plaçait en dehors de ces cas. Par conséquent, cet acte doit être réputé postérieur, et Primus, relativement à cet acte, doit être considéré non comme un ayant cause du vendeur, mais comme un véritable tiers dans le sens de l'art. 1328. Toullier entama sur ce sujet une polémique qui est restée célèbre en soutenant que les successeurs particuliers étaient les ayants cause de leur auteur et que les actes sous seing privé souscrits par celui-ci faisaient foi de leur date contre eux. Cette opinion était erronée, et cette erreur provenait de ce que Toullier donnait au mot *ayant cause* un sens général et toujours le même au lieu de l'entendre selon le milieu où il était employé. Sans faire aucune distinction entre les ayants cause à titre particulier ou à titre universel, il prétendait que l'article 1322 s'appliquait à tous ceux qui tenaient un droit quelconque d'un des souscripteurs de l'acte. Par tiers, il entendait seulement les créanciers saisissants qui agissaient, disaient-ils, au nom de la loi et ne tenaient pas leur droit de leur débiteur. Il n'avait pas remarqué que dans beaucoup de textes (articles 1321, 1338, 1670, 1295) le mot *tiers* comprend indubitablement des ayants cause à titre particulier. Du reste, l'art. 1328 a eu précisément pour but d'éviter les fraudes résultant des antidates vis-à-vis les successeurs particuliers et les créanciers saisissants, et c'est pour cela qu'il édicte une présomption générale de fraude en dehors des trois hypothèses de l'art. 1328.

La meilleure réfutation se trouve dans le texte même de la loi, dans les art. 1410 et 1478. L'art. 1410 décide que la communauté est tenue d'acquitter les dettes mobilières des époux antérieures au mariage et constatées par un acte ayant date certaine. La communauté est ici un ayant cause à titre particulier. Pourquoi faut-il que les actes constatant les dettes aient date certaine ?. Par suite de ce principe que les actes sous seing privé ne font pas foi de leur date contre les tiers. L'art. 1743 est encore plus formel quand il dit que dans le cas de vente de chose louée, l'acquéreur ne peut expulser le locataire qui a un bail authentique ou ayant date certaine. C'est en vain que Toullier a prétendu voir dans cet article une exception aux principes généraux, exception confirmant la règle. D'abord rien ne justifiait une pareille exception pour ce cas particulier, et la manière incidente dont cette disposition se trouve insérée dans l'article prouve au contraire qu'elle n'est que l'application de principes généraux.

Cette doctrine de Toullier n'était pas seulement contraire aux principes généraux, elle donnait à l'art. 1322 une telle extension qu'il absorbait pour ainsi dire l'art. 1328 et le rendait presque inutile. En effet, il n'y avait plus d'autres tiers que les créanciers en tant qu'ils agissent autrement qu'en vertu de l'art. 1166. Encore cette distinction proposée entre le cas de l'art. 1166 et celui où ils exercent une saisie était considérée par beaucoup d'auteurs comme purement arbitraire ; dans tous les cas, disait-on, ils ne font qu'exercer les droits de leur débiteur, la loi en règle seulement l'exercice au cas de saisie. L'art. 1328 ne trouvait donc plus d'application certaine, sinon au cas fort rare où un tiers étranger à l'acte contesterait la date d'un acte pour fonder à son profit une prescription de dix à vingt ans. Toutefois quant à nous, nous devons dire que nous admettons la dernière distinction présentée par Toullier.

Ducaurroy et Duranton, en réfutant Toullier, sont tombés dans une autre erreur en appliquant l'article 1322 aux héritiers ou ayants cause à titre universel. Leur opinion a été reproduite dans un savant article de M. Marinier (tome VIII, *Revue pratique*). Mais si leur système diffère du nôtre quant au fondement, il s'accorde avec lui pour les conséquences; aussi nous ne nous arrêterons pas à essayer de le combattre.

Cette question était très-importante sous le Code, quand la convention elle-même transférait la propriété des immeubles et que cette propriété se réglait d'après l'ordre des contrats. Elle n'est plus aussi grande aujourd'hui que la propriété n'est transférée à l'égard des tiers que par la transcription. Néanmoins elle offre encore de l'intérêt comme question transitoire, et elle se poserait encore comme autrefois, si aucun des ayants cause du vendeur n'avait fait transcrire.

La difficulté se représenterait si l'on supposait que Paul, propriétaire d'une maison, donne cette maison à bail à Secundus pour une durée n'excédant pas dix-huit ans, et qu'il la loue ensuite pour le même temps à Primus par un acte authentique. Il faut néanmoins remarquer que, selon beaucoup d'auteurs, les preneurs ne sont pas à considérer comme des ayants cause du propriétaire.

Il y a certains cas où l'application rigoureuse de l'article 1328 conduirait à des conséquences injustes et pour lesquelles la jurisprudence a admis avec raison un tempérament. Ainsi, le débiteur qui n'a retiré que des quittances sans date certaine, peut néanmoins les opposer à un cessionnaire ou à un créancier qui fait une saisie-arrêt entre ses mains, bien que ceux-ci soient bien des tiers dans toute l'acception du mot. Notre article ne le décide pas explicitement ; mais l'opinion commune des auteurs, d'accord en cela avec la jurisprudence, consacre en ce point la pratique générale. Le débiteur n'est pas en faute, car il n'est pas d'usage de faire enregistrer ses quittances, surtout quand elles constatent le payement d'intérêts, de fermages et de loyers ; il ne devait pas nécessairement prévoir que son créancier s'exposerait à une saisie-arrêt, ni penser que lui-même se trouverait comme l'acquéreur d'un droit réel en relation avec des tiers. Le juge se détermine dans ces espèces d'après les circonstances de la cause et prend surtout en considération la production plus ou moins prompte des quittances.

Nous disons que le cessionnaire est un tiers, car il n'y a aucune différence à établir entre lui et l'acquéreur d'une chose corporelle. Quant au créancier qui exerce une saisie-arrêt, il est bien l'ayant cause du débiteur pour les actes antérieurs à la saisie, mais il devient un tiers à partir du moment où elle est pratiquée, car il acquiert par là même un droit propre et personnel qu'il a le pouvoir de défendre contre tout ce qui pourrait y porter atteinte.

De même si ces créanciers avaient obtenu un droit réel ou personnel dont tout créancier ne jouit pas en cette seule qualité, ils pourraient repousser tout acte sous seing privé qui serait de nature à leur préjudicier et dont la date ne serait pas certaine. Il faudrait encore donner la même décision, si au lieu d'exercer les droits de leur débiteur, ils agissaient bien plutôt contre lui, en pratiquant une saisie-exécution ou une saisie immobilière, ou bien encore en exerçant contre les actes souscrits par leur débiteur l'action révocatoire.

Il faudrait encore que les actes sous seing privé eussent date certaine, pour qu'un créancier pût s'en prévaloir contre ses cocréanciers à l'effet d'établir à son profit un droit de préférence ou une priorité de rang. Dans cette circonstance, les créanciers sont des tiers les uns à l'égard des autres. En matière de saisie au contraire, un créancier pourrait former opposition sans être porteur d'un titre ayant date certaine, car il ne saurait y avoir de privilége entre des créanciers chirographaires.

— L'art. 1328 énumère limitativement les différentes manières dont un acte sous seing privé peut être pourvu d'une date certaine à l'égard des tiers. Il y en a trois : 1° l'enregistrement : c'est le mode le plus régulier et le plus habituel ; 2° la mort de l'un des signataires : que ce signataire soit une des parties contractantes ou simplement un témoin, l'effet est le même ; 3° la relation de leur substance dans un acte authentique. Remarquons que l'article exige la constatation de la substance de l'acte sous seing privé ; une simple mention ne suffirait pas. Les procès-verbaux de scellés ou d'inventaires que cite la fin de l'article ne sont énoncés que pour exemple. Il est bon toutefois de remarquer que plusieurs arrêts refusent aux actes dressés par les avoués l'effet de donner date certaine aux actes qu'ils rapportent.

Cette énumération disons-nous, est limitative, et cette rigueur excessive de la loi s'explique par les nombreux abus qui se produisirent dans l'ancienne jurisprudence, alors que le juge avait en cette matière une grande latitude d'appréciation. C'est à tort que Toullier a soutenu que le juge conserve encore de nos jours ce pouvoir discrétionnaire. Le texte est conçu dans une forme tout à fait restrictive, et du reste ce n'est qu'après une assez vive discussion que le conseil d'Etat admit le troisième mode, ce qui ne se comprendrait pas si l'article n'était qu'énonciatif. Qu'un homme vienne à disparaître ou même à être amputé des deux mains, ces circonstances ne suffiront pas pour donner date certaine aux actes sous seing privé qu'il a souscrits. Le timbre de la poste sur une lettre n'aurait non plus aucune valeur. La connaissance personnelle qu'aurait eue un acheteur de l'acte sous seing privé qu'on lui oppose ne saurait à plus forte raison être admise comme équivalant aux modes prévus par l'art. 1328. Dans aucun cas la preuve par témoins ne serait recevable.

— La nécessité de la date certaine à l'égard des tiers n'est pas exigée en matière commerciale, et le juge y conserve son pouvoir d'appréciation. Cette exception tient à la célérité que réclament les négociations du commerce et au grand nombre de ces négociations qu'il serait trop onéreux de soumettre à la formalité de l'enregistrement.

Section III. — De la vérification d'écritures.

L'écrit revêtu des apparences de l'authenticité est présumé authentique tant que l'inscription de faux n'est pas venue lui enlever ce caractère. L'acte sous seing privé ne jouit pas du même crédit; celui auquel on l'oppose peut le méconnaître et c'est alors à celui qui s'en prévaut à en établir la sincérité.

L'art. 1323 établit une distinction fort rationnelle entre le cas ou l'acte est opposé au signataire lui-même et celui ou il est opposé à ses héritiers ou ayants cause : « Celui auquel on oppose un acte sous » seing privé est obligé d'avouer ou de désavouer » formellement son écriture ou sa signature. » Chez lui, le silence serait considéré comme un aveu; et une simple déclaration de non-reconnaissance n'obligerait pas le juge à statuer spécialement sur la sincérité de l'acte comme au cas de dénégation. Le texte parle disjonctivement de l'écriture *ou* de la signature, car il y a des écrits privés non signés, et nous savons que la signature est la seule formalité essentielle des actes sous seing privé. Mais les deux choses devraient être cumulativement avouées ou désavouées dans le cas de billet ou promesse sous seing privé constatant un engagement unilatéral. — L'article ajoute que « les » héritiers ou *ayants cause* peuvent se contenter de » déclarer qu'ils ne reconnaissent point l'écriture ou la » signature de leur auteur. » Dans cette circonstance le mot *ayant cause* comprend tous les successeurs tant universels que particuliers. Il faudrait leur assimiler les représentants des signataires, comme par exemple le tuteur d'un interdit.

L'édit de 1684, qui le premier réglementa en France la procédure de la vérification d'écritures, portait que l'on ne pouvait obtenir l'exécution d'un acte sous seing privé sans avoir au préalable assigné son débiteur en vérification d'écriture. Il n'y eut d'exception admise que pour les effets de commerce, en vertu d'une déclaration de 1703. Aujourd'hui cette exception est devenue la règle, et le porteur d'un acte sous seing privé peut le produire en justice sans le faire vérifier à l'avance. Il fait pleine foi, s'il n'est pas dénié par le défendeur. Au contraire, « dans le cas où la » partie désavoue son écriture ou sa signature, et » dans le cas où ses héritiers ou ayants cause déclarent » ne les point connaître, *la vérification en est ordon-* » *née en justice* » (art. 1324). Il ne faut pas conclure de ces dernières expressions que la procédure de vérification soit obligatoire pour le juge. Celui-ci est expert de droit en principe. Et les art. 195 et 196 du Code de proc. sont conçus de manière à lui laisser toute liberté. Pourquoi d'ailleurs serait-on forcé de faire des frais inutiles quand la sincérité ou la fausseté d'un acte est évidente? Notre article a seulement voulu dire que dans le cas de dénégation, le tribunal ne peut pas passer outre sans s'être prononcé sur la sincérité de l'écriture.

Mais si celui qui invoque un acte sous seing privé est obligé d'en prouver la sincérité, quelle est donc l'utilité qu'il en retire? D'abord il est probable que celui auquel l'acte est opposé le reconnaîtra s'il est réellement émané de lui; il le doit et de plus il a intérêt à le faire pour éviter la sanction qui frappe celui qui dénie à tort sa signature. Et puis, comme le porteur de l'acte s'est trouvé dans l'impossibilité de se procurer une preuve écrite de la sincérité de cet acte, il pourra, conformément aux principes généraux de la preuve testimoniale, prouver par toute espèce de moyens cette sincérité, quand même la créance constatée par l'écrit serait supérieure à 150 fr.

Le Code de proc., par suite sans doute de l'ancienne pratique qui exigeait la reconnaissance préalable, paraît supposer que la demande en vérification d'écriture a toujours lieu par voie d'action principale. Il n'en est cependant pas ainsi. Le plus souvent elle a lieu incidemment par acte d'avoué à avoué quand le débiteur poursuivi dénie sa signature dans le cours du procès. L'action principale peut être utile soit avant l'échéance de la dette, si le créancier prévoit que par la suite il lui sera plus difficile d'établir la validité de son titre ; soit après l'échéance pour arriver à obtenir une hypothèque judiciaire sur tous les biens du débiteur et à se garantir des hypothèques que celui-ci pourrait consentir avant sa condamnation au capital. Dans la première de ces deux hypothèses, les frais sont à la charge du demandeur si le défendeur ne dénie pas (173 Code de proc.,). Dans la seconde, les frais d'enregistrement que le demandeur a dû payer pour produire son titre en justice sont, à cause de l'échéance de la dette, à la charge du débiteur, quand bien même il n'opposerait aucune dénégation.

L'assignation en reconnaissance d'écritures est dispensée du préliminaire de conciliation ; elle a lieu à trois jours sans permission du juge. Si le débiteur reconnaît l'écrit, le tribunal en donne acte au demandeur; s'il fait défaut, l'écrit est tenu pour reconnu (art. 194), contrairement au principe de l'art. 150 du Code de proc., qui ne permet d'adjuger au demandeur ses conclusions que *si elles se trouvent justes et bien vérifiées*. Si, au lieu d'une assignation en reconnaissance d'écritures, il y avait eu une assignation en payement, l'écrit ne serait tenu pour reconnu par suite du défaut du défendeur qu'autant que le créancier aurait en même temps posé des conclusions en reconnaissance d'écritures. Mais dans tous les cas le défendeur conserve sans aucun doute le droit de former opposition.

La vérification peut se faire de trois manières différentes : 1° par titres. Elle résulte de la présentation d'un acte authentique où se trouve relatée la teneur ou la mention de l'acte contesté. C'est le mode le plus sûr de tous; 2° par experts. Ceux-ci procèdent au moyen de pièces de comparaison sous la surveillance d'un juge-commissaire. Leur avis ne lie pas le tribunal et ne mérite pas en général beaucoup de confiance; 3° par témoins. Dans notre ancienne jurisprudence, ce troisième mode de preuve prévalait sur le précédent; aujourd'hui la loi n'en fait pas un précepte, mais, toutes choses égales, on ne saurait en nier la supériorité. — Nous n'entrerons pas dans le détail de ces divers moyens que le juge peut employer comme il l'entend, isolément, successivement ou cumulativement. Les articles qui les concernent se trouvent au titre X du Code de procédure civile.

Le signataire de l'acte qui a dénié mal à propos sa

signature est condamné à 150 fr. d'amende, aux dépens et dommages-intérêts. Il peut même, si le tribunal est convaincu de sa mauvaise foi, être condamné par corps même pour le principal. Ces peines ne sont pas applicables à l'héritier ou l'ayant cause qui déclare ne pas reconnaître la signature de son auteur.

Toute reconnaissance ou vérification faite en justice emporte, aux termes de l'art. 2123, une hypothèque judiciaire sur tous les biens du débiteur. Cette conséquence avait l'inconvénient de permettre au créancier d'obtenir, sans se servir du ministère du notaire, une hypothèque générale que le débiteur n'aurait pas même pu conventionnellement consentir, et elle avait pour résultat de porter atteinte au crédit de ce dernier. Aussi déjà dans l'ancienne jurisprudence, une déclaration du 2 janvier 1717 avait décidé qu'en pareille matière, la décision du juge n'emporterait pas hypothèque. Depuis le Code une loi du 8 septembre 1807, sans aller aussi loin que la déclaration, est venue pourtant remédier aux inconvénients de l'art. 2123, en décidant que le créancier ne pourrait inscrire son hypothèque qu'à défaut d'exécution de l'obligation après son échéance ou son exigibilité. Toutefois les parties pourraient convenir que l'inscription sera prise immédiatement. L'hypothèque n'en resterait pas moins malgré cela une hypothèque judiciaire soumise au droit de discussion.

— Nous savons déjà que celui auquel on oppose un acte sous seing privé n'est pas obligé de s'inscrire en faux pour faire tomber la foi de cet acte, mais il peut ne pas user de cette faculté et prendre la voie de l'inscription de faux. Cette voie est même la seule qui soit possible pour attaquer un acte déjà vérifié en justice. L'art. 214 du Code de procédure permet expressément d'arguer cet acte de faux, et avec raison, car la vérification d'écritures ne présente pas toutes les garanties désirables; elle est dirigée par le demandeur, tandis que l'inscription de faux sera dirigée par le défendeur; et enfin, il est possible que depuis la première décision on ait découvert de nouveaux documents. La procédure est la même que pour l'acte authentique; si celui qui s'est inscrit en faux réussit, il peut ensuite attaquer les jugements antérieurs fondés sur la pièce fausse au moyen de la requête civile (art. 480 du Code de procédure).

CHAPITRE III.

DES LIVRES DE COMMERCE.

Dans l'ancien droit, les auteurs n'étaient pas d'accord sur le degré d'autorité qu'il fallait accorder aux livres des marchands; les uns voulaient qu'on leur accordât une foi pleine et entière; d'autres leur refusaient absolument toute portée; le plus grand nombre admettait qu'ils formaient seulement une demi-preuve. Dumoulin soutenait cette dernière décision. Dans ce système, un commerçant reconnu probe et loyal pouvait avec ses registres fournir contre un non-commerçant un commencement de preuve susceptible d'être complété par le serment. Boiceau, qui écrivait après l'ordonnance de Moulins, considérait même les énonciations de ces registres comme donnant ouverture à la preuve testimoniale, au moins en

tant qu'elles émanaient de marchands *jurés*, c'est-à-dire faisant partie des corporations; il refusait tout effet à celles qui étaient produites par les petits marchands. Danty, son annotateur, n'allait pas si loin, il n'admettait la preuve par témoins qu'autant que la bonne foi du marchand était évidente. La doctrine de Boiceau fut reproduite par Pothier, sous cette réserve toutefois que la somme des marchandises fournies serait vraisemblable. « Par exemple, dit-il, ce ne se-
» raient pas des fournitures vraisemblables, s'il était
» écrit sur le livre d'un marchand qu'il m'a vendu et
» livré dix aunes de drap noir dans une année, parce
» que je n'ai pas besoin de plus d'un habillement
» dans l'année, pour lequel quatre aunes de drap
» suffisent. » Mais il paraît, d'après les notes qui se trouvent à la suite de l'ouvrage de Danty, que la jurisprudence du Châtelet n'était pas conforme à cette doctrine de Pothier, que la preuve testimoniale n'y était pas admise et que le serment était toujours déféré au non-commerçant défendeur.

Entre marchands, l'autorité de ces livres était encore plus grande : « *Eorum libri nundinales maxi-*
» *mam inter eos fidem habere videntur, et maxime*
» *si non nullis adminiculis juventur.* » Il semble résulter de ce passage de Boiceau qu'ils ne formaient pourtant pas une preuve tout à fait complète, puisque le concours de quelques autres adminicules n'était pas inutile.

Les règles qui sont aujourd'hui posées dans le Code civil et dans le Code de commerce sont beaucoup plus précises; les anciennes controverses ont néanmoins reparu; mais elles sont, à l'heure qu'il est, presque unanimement résolues. Nous étudierons principalement les dispositions qui concernent les matières civiles.

L'autorité qui résulte des livres de commerce s'explique par les garanties de sincérité qui les entourent, la nécessité où se trouve le commerçant de les tenir, et aussi par les sanctions sévères qui sont encourues en cas d'irrégularités ou d'énonciations mensongères. C'est en considération de ces sûretés que la loi a permis au commerçant de tirer de ses registres un commencement de preuve, même contre un simple particulier, dérogeant en cela au grand principe que personne ne peut se faire un titre à soi-même, *nemo sibi adscribit*. On comprend mieux la force probante de ces titres dans les rapports de commerçants entre commerçants ; car, alors, les parties se trouvant dans la même situation, on peut dire qu'elles combattent à armes égales. Aussi verrons-nous qu'entre eux les livres ont beaucoup plus d'importance. Remarquons que ces écritures sont admises pour la preuve, quoique non pourvues de signature. On les admettrait encore, quand même elles n'auraient pas été rédigées de la main du commerçant, pourvu qu'elles puissent être considérées comme ayant été faites en son nom.

L'art. 1329 nous dit que « les registres des mar-
« chands ne font point, contre les personnes non
« marchandes, preuve des fournitures qui y sont por-
« tées, *sauf ce qui sera dit à l'égard du serment.* »
Sa disposition principale n'est qu'une application de la règle que nous citions tout à l'heure, à savoir que nul ne peut se créer un titre à soi-même ; peu importe

que la convention qui fait l'objet du procès soit un acte de commerce pour les deux parties ou pour le commerçant seulement, la règle est toujours la même. Mais les derniers mots de l'article apportent à cette règle un tempérament, en permettant au juge de déférer, dans cette circonstance, le serment supplétoire à l'une ou à l'autre des parties. S'il en est ainsi, c'est que les énonciations des registres fournissent un adminicule qui, sans être suffisant pour justifier complétement la demande, empêche tout au moins que celle-ci ne soit entièrement dénuée de preuve (art. 1367). Elles remplissent donc les deux conditions nécessaires pour qu'il puisse y avoir lieu au serment supplétif. Il n'est pas possible de croire que l'article, en faisant cette réserve, ait eu en vue le serment décisoire; car celui-là peut toujours être déféré, même en l'absence de tout commencement de preuve.

Quelques auteurs, ressuscitant d'anciennes discussions, ont conclu de cette disposition finale de l'article 1329, que le juge était autorisé à admettre la preuve testimoniale des fournitures faites par le commerçant, attendu, disaient-ils, que l'enquête est un meilleur mode de preuve que le serment, et que la mention du registre peut être considérée comme un commencement de preuve par écrit, non pas, il est vrai, dans les termes de l'art. 1347, mais à l'instar des actes transcrits sur les registres publics (art. 1336). Ils s'appuyaient en outre sur l'autorité de Pothier. Mais cette opinion ne compte plus aujourd'hui beaucoup de partisans. A l'autorité de Pothier, on peut opposer les usages du Châtelet de Paris. Et, du reste, en laissant à part l'ancien droit, il n'est pas possible aujourd'hui, en présence des termes formels de l'article 1347, de considérer les documents dont nous parlons, comme des commencements de preuve écrite. Ils peuvent bien rendre vraisemblable la prétention du demandeur; mais elles n'émanent pas du défendeur. Les termes de cet article doivent être entendus strictement; l'art. 1336, relatif à la transcription des actes sur les registres publics, est une exception.

Si les **registres** des marchands ne font pas foi en leur faveur, ils font cependant foi contre eux, l'article 1830 le dit formellement, sans distinguer si les livres sont invoqués par des commerçants ou des non-commerçants, ni s'ils sont ou non bien tenus, car, fussent-ils mal tenus, le marchand n'aurait pas le droit de tirer profit de sa négligence. « Mais celui qui en veut
» tirer avantage ne peut les diviser en ce qu'ils con-
» tiennent de contraire à sa prétention. » Cette disposition est une application du principe de l'indivisibilité de l'aveu. Mais cette indivisibilité n'a lieu, on le comprend, que pour les opérations qui sont tout à fait connexes, et seulement dans le cas où il n'y aurait pas de fraude à présumer. Pour les comptes courants, l'indivisibilité doit être admise pour toutes les opérations qui y sont mentionnées.

Dans toutes les contestations où un marchand se trouve engagé, le juge a le droit d'exiger d'office la représentation de ses livres. C'est une dérogation au principe que les juges ne doivent pas suggérer aux parties leurs moyens et à cet autre principe dont nous avons déjà parlé : *nemo tenetur edere contra se.* Le juge peut aussi l'ordonner sur la demande de l'adversaire qui propose d'y ajouter foi; et dans ce cas si le commerçant s'y refuse, le serment supplétif peut être déféré à l'autre partie.

« Les livres de commerce régulièrement tenus
» peuvent être admis par le juge pour faire preuve
» entre commerçants pour faits de commerce » (art.
» 12 Code de commerce). Si les écritures sont conformes, la preuve est complète. Si elles sont en désaccord, elles se neutralisent. Les livres mal tenus ne sont pas dénués de tout effet, car comme le juge a en matière commerciale une extrême latitude pour la preuve, il peut chercher partout des moyens d'éclairer sa religion.

Mais, pour que la règle soit applicable, il faut absolument qu'il s'agisse entre ces commerçants de faits commerciaux. Si le fait en litige était commercial pour l'un sans l'être pour l'autre, si par exemple il s'agissait d'une livraison de bois faite par un marchand à un fabricant d'étoffes pour son usage personnel, il faudrait revenir au droit commun. Les deux parties en effet ne sont plus dans une position égale, le marchand de bois a dû faire une mention spéciale de sa fourniture, l'autre devait tout au plus la mentionner en gros à la fin du mois dans les dépenses de maison. Du reste le texte de l'art. 12 est formel, et comme dans l'espèce la contestation serait du ressort du tribunal civil, il est juste d'appliquer les dispositions du Code civil.

Remarquons que toute induction que l'on voudrait tirer d'un livre de commerce est susceptible d'être combattue par la preuve contraire. Le juge commercial n'est jamais lié par un système de preuves légales, il peut recourir à tous les moyens pour s'éclairer. (Art. 109 Code de comm.)

Sans doute les livres dont nous parlons ne sont que les livres obligatoires du commerce. Les autres ne présentent pas les mêmes garanties et ne peuvent servir qu'à expliquer ou corroborer ce qui est contenu dans les autres.

Il ne faut pas confondre la représentation des livres avec leur communication. Dans la première on consulte seulement la mention qui a rapport au procès, dans la seconde on inspecte le tout. La communication ne peut avoir lieu que dans des cas rigoureusement déterminés.

CHAPITRE IV.

DES LIVRES DOMESTIQUES ET DES ÉCRITURES NON SIGNÉES VALANT QUITTANCE.

Nous allons nous occuper sous ce titre des papiers de famille consistant en registres ou en feuilles volantes et des écritures mises à la suite au dos ou en marge d'un titre préexistant. Ce sont encore des écrits non signés, que le juge a toujours le droit d'admettre comme commencement de preuve par écrit contre ceux de qui ils émanent et qui dans certains cas sont reconnus par la loi comme faisant preuve complète.

Jamais les registres des particuliers ne peuvent faire preuve en leur faveur, car ils ne sont pas soumis comme ceux des commerçants à une réglementation légale, et dès lors on applique rigoureusement le principe que nul ne peut se faire un titre à lui-même. Ils ne pourraient donc pas donner lieu à déférer le serment supplétif; ils pourraient tout au plus être consultés par le juge à titre de renseignements.

Il en était déjà ainsi dans l'ancien temps. Pourtant Dumoulin admettait que les seigneurs pouvaient tirer une semi-preuve ou au moins une forte présomption en leur faveur des mentions inscrites dans leurs papiers *terriers* et *censiers* (*libri in quibus registrantur prædia censuaria*), quand ceux-ci étaient anciens et bien tenus; il allait même jusqu'à dire qu'à défaut d'autre titre, ces livres faisaient preuve complète entre les vassaux du même seigneur.

Mais il y a des hypothèses où ces registres font foi contre ceux qui les ont tenus. Cela a lieu, aux termes de l'art. 1331, « 1° dans tous les cas où ils énoncent un payement reçu, 2° lorsqu'ils contiennent la mention expresse que la note a été faite pour suppléer le défaut de titre en faveur de celui au profit duquel ils énoncent une obligation. »

La raison de cette disposition se comprend facilement. Si l'énonciation d'une libération fait pleine foi contre celui qui se prétend créancier, c'est qu'il est contraire aux habitudes et à la logique d'inscrire un payement avant qu'il n'ait été effectué. Celui qui fait cette mention reconnaît qu'il a été payé, et quand même il lui viendrait ensuite à lui ou à ses héritiers l'idée de la barrer, la preuve n'en serait pas moins acquise au profit du débiteur. Si toutefois l'écriture était devenue complétement illisible, elle ne pourrait plus produire aucun effet, cela est bien évident. Nous croyons toutefois, bien que dans l'espèce nous soyons en présence d'une présomption légale, que le demandeur serait admis à expliquer comment il a pu être induit en erreur au sujet de cette mention. L'art. 1341 qui défend de prouver contre et outre le contenu aux actes n'est pas applicable aux écrits dont nous parlons.

Quant à la seconde hypothèse, la décision de la loi se justifie aussi parfaitement. Dans cette circonstance, le créancier s'est confié à la bonne foi de son débiteur; aussi faudrait-il décider que si la mention était barrée, l'exécution de l'obligation devrait être présumée.

Il n'est pas absolument nécessaire que l'écriture porte expressément que « la note a été faite pour » suppléer le défaut de titre... » Ces termes ne sont aucunement sacramentels, et ils pourraient être remplacés par d'autres équivalents. La mention que « le » créancier n'a pas voulu de billet, » ou cette inscription attachée à un sac d'argent : « Cette somme » appartient à Paul, qui me l'a remise à titre de » dépôt, » devraient suffire pour l'application de notre règle. Mais la seule signature du débiteur ne remplacerait pas la mention. Pothier soutenait un avis opposé; mais les rédacteurs qui ont réglementé en détail notre matière, n'ont pas reproduit son sentiment, et cela seul suffirait, quand même il ne serait pas évident que l'opinion de Pothier était dangereuse, pour nous faire croire qu'ils ont voulu la rejeter. Citons ici comme application de cette double règle, le cas où un crédi-rentier a constaté sur son registre le payement annuel des arrérages. Les mentions successives qu'il a inscrites, prouveront contre lui, s'il voulait nier les payements; elles ne lui seront d'aucune utilité pour combattre la prescription de trente ans, qui lui serait opposée par le débiteur. (Rej., 11 mai 1842.)

Contrairement à ce que nous avons décidé relativement aux livres de commerce, nous pensons que les registres de famille ne doivent faire preuve complète qu'autant qu'ils sont écrits de la main de celui à qui on les oppose. L'art. 1331 semble le décider; et même, en admettant qu'il ne soit pas formel, l'habitude générale où l'on est de tenir personnellement ces registres, le plus grand danger de fraude qui existerait en présence d'un moindre contrôle, nous confirmeraient dans notre opinion. Il appartient au juge de voir, selon les circonstances, le degré de foi que les écrits méritent dans ces cas-là.

Nous ne croyons pas non plus qu'il soit permis d'étendre à notre sujet les dispositions du Code de commerce, qui permettent au juge d'exiger la représentation des registres, et de déférer, en cas de refus, le serment supplétif à l'adversaire qui offrait d'y ajouter foi. Les mêmes raisons de décider n'existent pas, et, du reste, nous devons nous en tenir aux dispositions du Code civil, et au principe fondamental : *Nemo tenetur edere contra se*. De cette manière, il pourra arriver que les dispositions de notre article soient éludées, mais elles resteront toujours facilement applicables au cas d'apposition de scellés et d'inventaire, par suite d'absence ou de décès. Le refus de présentation peut être assimilé au fait de rendre illisibles les mentions importantes qu'ils contiennent. Nous déciderions dans le sens opposé, s'il s'agissait de titres communs aux deux parties, par exemple s'il s'élevait entre les enfants d'une même famille une contestation relative à une mention contenue dans les livres de leur père décédé.

Les papiers de famille comprennent encore les écritures sur feuille volante. La première disposition de l'art. 1331 ne leur serait pas applicable, car une énonciation de payement ainsi faite pourrait très-bien n'être qu'un projet de quittance. Une feuille constatant une dette avec la mention qu'elle a été écrite pour suppléer au titre, pourrait aussi n'avoir été écrite qu'en vue d'un emprunt non réalisé ensuite ; néanmoins, elle mériterait plus de foi dans cette espèce que dans la précédente. Ce qu'il faut ici reconnaître, c'est que le juge doit avoir une grande latitude d'appréciation pour décider dans quelle mesure il convient de s'en rapporter à ces écrits.

Arrivons maintenant à la disposition de l'art. 1332, relativement aux écritures mises à la suite, au dos ou en marge d'un titre préexistant.

Il dit d'abord que « l'écriture *mise par le créan-*
» *cier*... *sur un titre qui est toujours resté en sa pos-*
» *session*, fait foi, quoique non signée ni datée par
» lui, lorsqu'elle tend à établir la libération du dé-
» biteur. »

Deux conditions sont donc exigées pour que cette écriture fasse preuve, d'abord qu'elle ait été faite de la main du créancier lui-même, et, de plus, qu'elle soit toujours restée en sa possession. Pothier n'était pas aussi rigoureux : quand l'écrit était resté entre les mains du créancier, il ne considérait pas de quelle main la mention émanait ; s'il émanait certainement du créancier, peu lui importait qu'il fût resté en sa possession ou dans celle du débiteur. Mais il ressort fort clairement des travaux préparatoires, que le législateur a voulu suivre un autre système. Le projet de l'article était rédigé dans le sens de Pothier, mais il fut modifié par la section de législation, dans le but sans doute d'éviter les abus qui pouvaient résulter de l'ancienne pratique. Il est possible, en effet, qu'un tiers écrive en secret et sans aucun mandat sur un titre qui se trouve entre les mains du créancier, une mention de libération. Il arrive aussi très-souvent que les créanciers se dépossèdent de leurs titres, et les donnent quittancés à l'avance, soit à un tiers chargé du recouvrement, soit au débiteur lui-même. Ce système, en apparence très-rigoureux, ne présente aucun inconvénient ; car, dans le cas où les deux conditions ne se trouveraient pas réunies, le juge pourrait au moins se prévaloir d'un commencement de preuve par écrit, pour admettre les témoins, ou même les présomptions.

Quant aux écritures non signées qui tendraient à établir un supplément d'obligation, elles ne pourraient faire preuve complète, car aucun article de la loi ne leur donne cette vertu. Il en était autrement dans l'ancien droit, au moins lorsque cette écriture était de la même main que le corps du titre et paraissait s'y rapporter (Boiceau, 2ᵉ partie, ch. 2, nᵒˢ 2, et 3).

Notre article considère encore comme faisant preuve complète « l'écriture mise par le créancier au dos ou » en marge ou à la suite du double d'un titre ou

» d'une quittance, pourvu que ce double soit entre
» les mains du débiteur. » Cette dernière partie est
mal rédigée. Il aurait fallu dire, pour éviter toute amphibologie : « …. à la suite d'une quittance ou du
» double d'un titre, pourvu que cette quittance ou ce
» double soit entre les mains du débiteur. » Mais la
disposition en elle-même se comprend facilement. Il
serait naïf d'expliquer pourquoi il faut que l'écriture
soit de la main du créancier. Il faut que la quittance
ou le double soit en la possession du débiteur, car
entre les mains du créancier elle pourrait être considérée comme un simple projet.

Dans ce second cas, la radiation de la note fait cesser toute présomption en faveur du débiteur. Dans
le premier cas, au contraire, elle ne produirait aucun
effet, car le créancier ne peut pas rétracter valablement son aveu ; et même si celui-ci avait rendu la
mention illisible, le juge pourrait déférer au débiteur
le serment supplétoire. Ce débiteur en effet n'est pas
en faute ; il pouvait très-bien se contenter d'une quittance inscrite sur un titre que le créancier est forcé
d'exhiber pour la poursuite de l'obligation.

CHAPITRE V.

LES TAILLES.

Les tailles, dont le nom vient de *talea* (*ramus incisus*), forment une espèce de preuve littérale qui se
rapproche beaucoup des livres de commerce. Elles
pourraient servir à prouver des faits pour lesquels
la preuve testimoniale ne serait pas admise.

« Les tailles corrélatives à leurs échantillons font » foi entre les personnes qui sont dans l'usage de » constater ainsi les fournitures qu'elles font ou re- » çoivent en détail. » Si elles ne s'accordaient pas entre elles, elles feraient seulement foi jusqu'à concurrence des *coches* qui se trouvent sur les deux bâtons. Si l'échantillon n'était pas représenté, il faudrait distinguer selon que l'acheteur alléguerait simplement l'avoir perdu ou soutiendrait qu'il n'a jamais fait usage de ce procédé. Dans le premier cas, la taille ferait pleine foi, car le défendeur est en faute ; dans le second, le juge pourrait, suivant les circonstances, et par analogie de ce qui a lieu pour les livres de commerce, déférer le serment supplétif à l'une ou à l'autre des parties.

Les tailles peuvent-elles faire foi contre les tiers ? Non, en principe ; mais si elles avaient été mises sous scellés après déconfiture ou décès et constatées dans un inventaire, il faudrait reconnaître qu'à dater de cette époque elles ont acquis date certaine.

CHAPITRE VI.

DES COPIES DE TITRES.

La loi n'accorde d'autorité qu'aux copies des titres authentiques, sous cette condition qu'elles aient été rédigées par quelque officier public. Les copies d'actes privés, fussent-elles même écrites par un officier public, n'auraient aucune valeur, à moins, toutefois, que l'original n'ait revêtu le caractère d'authenticité par suite de son dépôt chez un notaire.

Quand une copie est produite en justice, et que l'original existe encore, la production de celui-ci peut toujours être demandée. Il en est autrement pour les extraits des registres de l'état civil ; ils font foi par eux-mêmes, tant que l'adversaire n'a pas produit un autre extrait contraire au premier ; c'est alors seulement que les registres doivent être déplacés.

Quand le titre original n'existe plus (sa perte est prouvée par un certificat du notaire), ou qu'il ne se trouve plus dans l'étude où il a été passé, ce qui revient au même, les copies font foi, d'après les distinctions établies par l'art. 1335, en suivant une marche décroissante, depuis la grosse ou la première expédition, jusqu'à la copie de copie.

Les grosses, les premières expéditions, les copies délivrées par l'autorité du magistrat ou du consentement des parties, les copies de grosse tirées par forme d'ampliation (art. 844 C. pr.), et les simples copies qui remontent à plus de 30 ans, font foi comme l'original même à l'égard des tiers. Les copies qui ont moins de 30 ans, celles qui ont été tirées par un officier public incompétent, la transcription d'un acte sur les registres publics dans les termes de l'art. 1336 fournissent seulement un commencement de preuve par écrit. Encore est-ce une dérogation au principe de l'art 1347, puisque ces écrits n'émanent pas du défendeur lui-même; mais la dérogation est formelle, et d'ailleurs elle s'explique très-bien. Quelques auteurs ont voulu assimiler la relation de l'acte sur les registres de l'enregistrement à la transcription ; mais, outre que cette relation n'est qu'une analyse et non une reproduction littérale, il n'est pas permis d'étendre, pour de simples raisons d'analogie, une exception à la règle générale.

« Les copies de copies peuvent, suivant les cir» constances, être considérées comme *simples rensei*» *gnements*. » Le sens de cette disposition est assez obscur. Que ces copies puissent être consultées par le juge, ce point ne peut être douteux, et il était inutile de l'exprimer, puisque tous les actes, si informes qu'ils soient, peuvent, dans cette mesure, servir aux juges. Il y a donc pour elles quelque chose de plus. Dumoulin leur attribuait l'effet de permettre à celui qui les invoque, de faire les fruits siens; rien n'empêche d'admettre encore aujourd'hui cette décision. Nous serions même assez porté à croire que le juge pourrait, par analogie de ce qui se passe entre marchands et particuliers, déférer le serment supplétif à l'une ou à l'autre des parties.

CHAPITRE VII.

DES ACTES RÉCOGNITIFS.

Le titre récognitif, appelé aussi titre *nouvel* (2263), est dressé pour constater une obligation ou un droit réel déjà relatés dans un titre primordial. C'est un aveu, avec ce caractère spécial qu'il présuppose un acte antérieur auquel les parties se réfèrent. Sa principale utilité, aujourd'hui, est d'empêcher la prescription en matière de rentes, et encore, dans cette circonstance, il pourrait être avantageusement remplacé par une contre-quittance.

Ce titre récognitif peut valoir comme un titre primordial si les parties ont eu l'intention de faire une novation. Il en est de même, si elles on voulu se donner un titre pour un droit qui n'était pas auparavant constaté par écrit, par exemple pour une servitude (695).

Il résulte de la nature même de cet acte que, s'il contient quelques dispositions tendant à modifier l'acte primitif dans un sens opposé à l'intérêt du débiteur, ces dispositions ne produiront aucun effet, et le créancier ne pourrait même pas prescrire contre son titre (2240). Il en serait de même dans le cas inverse, sauf les effets de la prescription libératoire au profit du débiteur.

La règle posée par le premier alinéa de l'art. 1337, à savoir que « les actes récognitifs ne dispensent pas » de la représentation du titre primordial, » paraît au premier abord inexplicable. Elle est, en effet, contraire aux principes connus sur les effets des actes entre les parties et sur la présomption qui s'attache à l'aveu. Comment la loi a-t-elle pu assimiler notre titre à une copie dont l'original existe encore et forcer le demandeur à représenter tout d'abord le titre primordial ? Cette singularité s'explique par un ancien usage mal à propos généralisé par Pothier, et après lui par le Code. Les anciens canonistes imaginèrent les premiers cette règle dans le but de révoquer indirectement les concessions faites trop facilement par les supérieurs ecclésiastiques. Dumoulin l'étendit pour protéger les vassaux dans les reconnaissances qu'ils faisaient des droits du seigneur, et il distingua, selon que cette reconnaissance avait lieu simplement, *in forma communi*, ou bien *in forma speciali*, c'est-à-dire en pleine connaissance de cause, *ex certa scientia*. Cette dernière seule pouvait remplacer le titre primitif quand il était perdu. Pothier eut le tort de généraliser cette théorie faite pour des cas exceptionnels, et les rédacteurs eurent le tort d'imiter Pothier. On a néanmoins représenté, pour les justifier, que le législateur avait eu raison d'édicter ces mesures, car elles ont pour résultat de protéger énergiquement les débiteurs contre les surprises des créanciers.

Quoi qu'il en soit, tout le monde reconnaît que l'acte récognitif pourrait tout au moins servir de commencement de preuve par écrit.

La règle que nous avons vue posée au commencement de l'art. 1337 reçoit exception dans deux cas : 1° Quand *la teneur* de l'acte primordial se trouve spécialement relatée dans l'acte récognitif. Ce cas nous rappelle la confirmation *in forma speciali* de Dumoulin. Alors l'acte fait foi par lui-même, pourvu toutefois qu'il ne soit pas établi que l'acte primitif existe encore, car alors celui-ci devrait être produit. Par *teneur*, il ne faut pas rigoureusement entendre la copie littérale, mais la relation des conditions constitutives de la convention. 2° Quand il y a plusieurs reconnaissances conformes soutenues de la possession, et dont l'une ait trente ans de date. Alors le juge a la faculté, si le créancier allègue que l'acte primordial est adiré et que son allégation paraît véritable, de donner à l'acte récognitif une foi complète.

POSITIONS.

DROIT ROMAIN.

I. — C'est aux actions confessoire et négatoire qu'il faut appliquer ces expressions du § 2 du titre *De actionibus*, aux Instituts : *Sane uno casu qui possidet, nihilominus actoris partes obtinet.*

II. — Le demandeur qui alléguait un fait négatif n'était pas dispensé de faire la preuve.

III. — La preuve par témoins n'était pas admise contre un acte écrit dont la sincérité n'était pas contestée.

IV. — Il n'était pas absolument nécessaire pour qu'il y eût obligation *litteris* que le registre du débiteur portât la mention de la convention.

V. — Les *chirographa* et les *syngraphæ* étaient des écrits générateurs d'obligation et non pas seulement des écrits probatoires.

VI. — L'obligation *litteris* existait encore sous Justinien, mais singulièrement modifiée par l'exception *non numeratæ pecuniæ*.

HISTOIRE DU DROIT. — DROIT COUTUMIER.

I. — L'institution de la saisine héréditaire remonte au droit germanique.

II. — La règle que les actes récognitifs ne dispensent point de la représentation du titre primordial s'explique par une disposition spéciale de l'ancien droit, mal à propos généralisée par Pothier et par les rédacteurs du Code civil.

III. — Le colonat prit sa source dans l'usage qui était en vigueur à Rome d'attacher à la culture des terres les prisonniers de guerre. La servitude de la plèbe, au moyen âge, en est une dérivation, modifiée par des éléments germaniques et féodaux.

IV. — Les fiefs prirent naissance dans des relations de clientèle militaire en usage chez les Germains.

DROIT CIVIL.

I. — Le demandeur qui réclame le payement d'une somme d'argent en vertu d'un billet qui n'indique pas la cause de l'engagement du souscripteur n'est pas tenu de prouver l'existence de la cause qu'il assigne à cet engagement.

II. — L'acte sous seing privé non valable par suite de l'inobservation des formalités prescrites par l'article 1325, peut néanmoins servir de commencement de preuve par écrit.

III. — Les créanciers chirographaires ne sont pas liés par la contre-lettre de leur auteur, même quand ils veulent exercer ses droits.

IV. — Le mandant ne peut pas être considéré comme *tiers* relativement aux actes sous seing privé qui ont été souscrits par son mandataire et n'ont pas reçu date certaine avant l'extinction du mandat.

V. — L'ayant cause à titre particulier du signataire d'un acte sous seing privé doit être considéré comme tiers relativement aux actes postérieurs à la date de l'écrit sur lequel repose son droit.

VI. — L'époux qui a obtenu la séparation de corps ne peut pas, par sa seule volonté et en déclarant renoncer au bénéfice du jugement, en faire cesser les effets.

VII. — L'époux légalement divorcé à l'étranger peut valablement contracter un nouveau mariage en France.

VIII. — Le legs de l'usufruit de tous les biens du testateur ou d'une quote-part de ces biens est un legs particulier.

IX. — Le mari peut avec le consentement de sa femme faire valablement les donations dont il est question au premier alinéa de l'art. 1422.

X. — La révocation d'un testament consignée dans un acte sous seing privé écrit en entier, daté et signé par le testateur, est valable, quoique cet acte ne contienne aucun legs.

XI. — Le mandat salarié se distingue du louage d'ouvrage en ce que celui qui en est chargé est le représentant du mandant, agit et parle en son nom.

XII. — L'hypothèque n'est pas à proprement parler un démembrement du droit de propriété.

DROIT COMMERCIAL.

I. — Le fait d'acheter un immeuble pour le revendre constitue un acte de commerce.

II. — Une femme mariée sous le régime de la communauté ne peut devenir l'associée en nom collectif de son mari.

III. — La déclaration de faillite pourrait être justifiée par le non-paiement d'une dette civile à la charge d'un commerçant.

DROIT ADMINISTRATIF.

I. — La propriété du lit des rivières non navigables ni flottables appartient aux riverains.

II. — Les registres des établissements publics doivent être assimilés à ceux des particuliers et non aux livres de commerce.

III. — L'imprimeur est libre de refuser son ministère.

IV. — En cas d'expropriation pour cause d'utilité publique, le locataire dont le bail fait sous seing privé n'a pas date certaine a néanmoins droit à une indemnité.

DROIT CRIMINEL.

I. — Le Code pénal permet de déclarer l'existence de circonstances atténuantes dans le cas de crime de parricide.

II. — Par *corps du délit*, il faut entendre l'ensemble des éléments matériels qui entrent dans le délit.

III. — Un tribunal criminel ne peut pas déclarer la faillite d'un commerçant.

DROIT DES GENS.

I. — On a bien fait d'abolir en Europe et particulièrement en France le droit de *course*.

II. — La guerre entreprise par l'Europe contre la France en 1792 fut illégitime et contraire au principe de non-intervention.

Vu par le président de la thèse,
VALETTE.

Vu par le doyen de la faculté,
C.-A. PELLAT.

Permis d'imprimer,
Le Vice-Recteur.
A. MOURIER.

TABLE DES MATIÈRES.

	PAGES.
INTRODUCTION.	1
CH. I. De la preuve en général.	1
§ 1. Définition.	3
§ 2. Qui doit prouver.	4
§ 3. Ce qu'on doit prouver.	10
§ 4. Des preuves au point de vue de la conviction du juge.	11
§ 5. Moyens de preuve.	14
CH. II. De la preuve littérale dans les législations anciennes.	16

Ire Partie. — DROIT ROMAIN.

NOTIONS GÉNÉRALES.	20
CH. I. De la forme du titre.	26
SECTION 1re. Des actes privés.	27
§ 1. Différentes espèces d'actes privés.	27
§ 2. Formalités essentielles des actes privés.	35
SECTION 2. Des actes publics.	42
§ 1. *Scripturæ forenses.*	42
§ 2. *Scripturæ publicæ*	46
CH. II. De la foi due aux titres.	47
§ 1. De la foi due aux actes publics.	47
§ 2. De la foi due aux actes privés.	51
§ 3. De la contestation sur la vérité du titre.	52
CH. III. De la comparaison des écritures.	57
CH. IV. De la production et de la perte des titres.	59
§ 1. De la production des titres.	59
§ 2. De la perte des titres.	63

	PAGES
IIe PARTIE. — ANCIEN DROIT FRANÇAIS.	65

IIIe PARTIE. — CODE NAPOLÉON. 77

CH. I. Du titre authentique. 81
   SECTION 1re. De la forme du titre authentique. 83
      § 1. Règles générales. 83
      § 2. Actes notariés. 86
         I. Règles relatives aux personnes. 87
         II. Règles relatives à la rédaction du titre. . 92
   SECTION 2. Force probante des actes authentiques. 99
      § 1. Quelle est la foi des actes authentiques en général. 99
      § 2. Quelle est la foi des contre-lettres. 106
      § 3. De l'inscription de faux. 110
   SECTION 3. Des actes nuls comme actes authentiques . . . 112

CH. II. De l'acte sous seing privé. 114
   SECTION 1re. De la forme des actes sous seing privé. . . . 115
      § 1. De la formalité du double écrit. 119
      § 2. De la formalité du *bon pour* ou *approuvé*. . . 126
   SECTION 2. De la force probante des actes sous seing privé. 133
   SECTION 3. De la vérification des écritures. 147
CH. III. Des livres de commerce. 152
CH. IV. Des livres domestiques et des écritures non signées valant quittance. 158
CH. V. Des tailles. 161
CH. VI. Des copies de titres. 165
CH. VII. Des actes récognitifs. 167

Paris. — Imprimerie de E. DONNAUD, rue Cassette, 9.

Printed in the USA
CPSIA information can be obtained
at www.ICGtesting.com
LVHW011626190524
780773LV00032B/408